湛庐CHEERS

与最聪明的人共同进化

HERE COMES EVERYBODY

跨代合作

[美]蕾切尔·福卡迪（Rachele Focardi）著
张倩 译

REFRAMING GENERATIONAL STEREOTYPES

浙江教育出版社·杭州

测一测

企业中的跨代合作，你了解多少？

扫码激活这本书
获取你的专属福利

- 不同年龄段的员工共事，彼此间的差异经常会带来矛盾，这是很正常的，所以应该忽视这些矛盾吗？（　）

  A. 应该

  B. 不应该

扫码获取全部测试题及答案，一起了解如何让年龄差异成为团队的竞争优势

- 不同年龄段的员工有不同的行为和观念，在沟通时，难免会有代际刻板印象，我们应该承认并接受这种刻板印象吗？（　）

  A. 应该

  B. 不应该

- 家族企业中，年长一辈和年轻一代之间就算有冲突，也不会影响到企业的发展和传承，这是对的吗？（　）

  A. 对

  B. 不对

扫描左侧二维码查看本书更多测试题

跨代合作创造未来

沈锐华（Jack Sim）
慈善家，企业家

每代人都对下一代忧心忡忡，但至今为止，每代人都让世界朝着更好的方向发展。第四次工业革命正以前所未有的态势席卷全球，它必将引发新一轮的重大变革。

曾经，知识就是力量，但现在多数时候，知识变成了人们在网络上唾手可得的免费商品。随着计算机运算能力的突飞猛进，自动化、机器人化和各种算法正在迅速地取代人工，社会各行各业即将面临大变局。如果可以使用机器人，那么企业是否还愿意雇用人类员工？如果机器学习能帮助企业降低成本、提高效率、提升质量、简化工作，那么谁还需要我们？我们应该如何帮助年轻人做好应对未来的准备？蕾切尔在本书中提出了她对未来的深刻见解，让我们了解应当如何迎接未来，乃至通过代际合作的影响力创造未来。

事实上，我们不应对技术感到担忧。技术转瞬即逝，它们也会过时，终将被新技术所取代。新技术的诞生源于人们的想象力和远见卓识，在这个过程中，不变的是我们创造和调用新技术的能力。也就是说，我们亟需的是硬技能以外的“人际技能”，例如：

- 好奇和质疑的精神；
- 想象和执行的勇气；
- 完成具有挑战性的工作或枯燥任务的决心；
- 有同理心，能体恤所有人（顾客、同事、老板，以及整个世界），用爱的力量感染他人，进而促进团队合作；
- 合作能力，能动员其他人结盟并实现双赢；
- 谨慎的态度，能使用“生态系统方法”解决问题，避免碎片化的“竖井式”思维；
- 沟通技能，能传达信息并激励他人行动，并为其提供相应的资源。

跨代合作创造未来

Z 世代[①] 让我们看到了一个充满希望的未来。他们关爱环境，要求在世界范围内实现社会正义、财富合理分配、和平与繁荣。要想实现他们对世界的构想，我们需要从竞争转向合作，从“竖井式”解决思路转向生态系统思维，成为一专多能型人才。因此，我们要发起一场教育革命，摆脱分数和机械式学习的束缚。

全球性的疾病流行促使我们减少非必要的消费、旅游及环境污染，教会我们增进家庭情感。以后，随着世界逐渐恢复过来，我希望人类能到达一个崭新的未来，到那时，我们将把“亿万富翁”的定义改写为“一个拯救了无数生命的人”，而非“一个囤积资金的人”。

我坚信我们的未来是光明的，因为我作为婴儿潮一代，每天与千禧一代和 Z 世代共事，他们对地球、人类和动物的关爱之情深深地打动了我。我们的确需要回归大自然，以仿生学为模型建设社会。只要我们保有好奇心，通过一片简单的树叶就可以学习灌溉、能量分布、管理结构、工程学、艺术、生物学、通信等无数不同学科的知识。

我们需要回归初心，每个人都必须定义属于自己的初心。

---

① 本书中，“世代”根据世界大型事件来界定，指不同时代出生的群体。就美国而言，传统一代指出生于 1900 年至 1945 年的人；婴儿潮一代出生于 1946 年至 1964 年，X 世代出生于 1965 年至 1980 年；千禧一代出生于 1981 年至 1995 年；Z 世代指出生于 1996 年至 2010 年的群体。——编者注

蕾切尔了解年轻人的思想，并且激励我们所有人帮助年轻人构建更加美好的未来，我对此印象深刻。正如蕾切尔所提倡的，我们的确有责任在家庭中、学校里以及职场上给予年轻人指导。我们需要从现在就开始行动起来。本书阐释了每个人应如何借助自己的独特优势，通过重构代际刻板印象，齐心协力积极变革。我相信各位将和我一样喜欢这本书。

REFRAMING
GENERATIONAL
STEREOTYPES

序言

为什么一定要重视代际差异

在写这本书的过程中，我看到有越来越多的文章和视频断言：“世代或许并不存在。”“世间无所谓代际鸿沟。”“代际差异是一种幻觉。”这些言论的发表者强调“人就是人”，不应该按照世代对人进行分类。这种观念所蕴含的深层用意固然很高尚，但存在过度简化问题之嫌，传播这种观点的人虽初衷是好的，但他们的行为可能弊大于利。究其原因，每个人固然都具有独特性，不应成为偏见的牺牲品，但毫无疑问，我们出生与成长的社会经济、历史、政治、文化和技术环境也塑造了我们。同理，环境界定了世代。

传统一代、婴儿潮一代和 X 世代在初入职场时所经历的行为规范、管理风格、领导作风、人才发展模式、人际沟通方式都与今日不同，父母教养方式、沟通模式和社会风俗也发生了变化。因此，在同一时期出生、成长、成年、参加工作的人群必然拥有相似的处世态度、思维方式、愿景期待和做事方法。

如果不承认这一点，就会在很大程度上引发代际冲突。代际多样性是确实存在的。如果我们直接拒绝承认代际差异是多种因素共同作用的结果，就难以理解和接受这种差异，也难以体悟如何与非同龄人交往。激发（而非无视）跨代意识，公开地应对、挑战、重塑甚至在某种程度上接纳刻板印象，才是消弭代际鸿沟、塑造跨世代合作文化的不二法门。

我们再从文化的角度思考。经常有人问我世界各地的世代趋势是否相同，或者这些趋势是否只是泛泛之谈。人们依据不同的大型事件来划分世代的界限。在千禧一代之前，各世代先后出现在世界各地，许多世代特点因地区甚至国家而异。这种现象的出现不仅仅是因为社会经济环境存在差异，还因为 20 世纪 90 年代之前，世界各地处于相对“孤立”的状态，年轻人对其他国家同龄人的生活和经历了解不多，甚至一无所知，简单概括就是世界缺少信息传递。因此，北美的千禧一代“诞生”于1981 年，而许多代际研究显示，在欧洲和亚洲，最早一批千禧一代直至大约 1986 年才出现。

但全球化与技术进步消除了世代出现时间和世代特征在不同国家及文化间的差异。千禧一代和Z世代成长在长期和平、相对稳定的时代，这样的时代里，信息和人员可以自由流动。世界互通互联，各地经济趋势、电子信息和网络流行文化密不可分，使得这代人拥有较为相似的思想观念和价值观，这反过来又增强了全球的凝聚力。

因此，尽管当今世界正处于区域化这种逆全球化进程之中，我们依然可以确信，在多数发达地区和新兴市场，千禧一代和Z世代的许多特征是相对一致的。我将重点讲述这些特征，但请灵活看待，兼顾各种文化的显著特征。

REFRAMING
GENERATIONAL
STEREOTYPES

引言

一个关于 X 世代的故事

本书讨论的是我非常关注的一个主题。20 年来，我经历了不同的人生阶段，在各大洲都留下了足迹，与数百个雇主和教育机构开展合作，与来自世界各地的数千名学生和专业人士进行交流，这一切最终凝结为这部作品。我想，是因为我在 2001 年从美国某顶尖新闻院校毕业搬回意大利时，在心中种下的一颗幼小的种子生根发芽，最终长成了我内心深处对于弥合代际鸿沟这一事业的热爱之花。

选择新闻学专业，是因为我喜欢用文字帮助

人们“观察”世间万物；我曾经坚信，总有一天，我会成为一名荣膺普利策奖的战地记者。和当时大多数高中毕业生一样，我对大学专业的选择并没有很上心。我们只是被灌输了需要获得学位的观念，却对所选课程对今后职业道路的影响知之甚少。坦白地讲，主要原因是，不管我们怎样选择，结果都相差甚微。那时，意大利青年的平均失业率高达 30%，青年人才不受国家重视，能找到工作已是一件幸运的事，无论这份工作是否符合个人兴趣，是否与专业匹配，是否有报酬。大多数年轻的毕业生由于担心持续失业，只要有工作就愿意做，或者会在合同条款含混不清的情况下签约，有些人甚至充当免费劳动力，只是为了能积累一些工作经验，让自己的学识和才智派上用场。可惜这种机会寥寥无几。相反，他们中的大部分人都只能从事枯燥乏味的工作，几乎没有学习和成长的空间。

我搬回意大利的这个决定成了我和父亲一辈子的心结。我记得他曾对我说，这将是我此生最大的错误，我葬送了自己光明的未来，再也没有发光的机会，因为在意大利，展现欲望和抱负的结果往往是费力不讨好。或许他的话不无道理，但我和许多年轻人一样，还是选择了听从自己内心的声音去冒险。事实证明，找工作确实比我之前想象的更困难，失去了父亲的经济帮扶和情感支持，我只能独自摸索如何在陌生的环境中做出一番成绩。

那时的我年少无知又野心勃勃，在被拒绝了几次之后，我去了一家临时中介公司，通过它和一家大型国际广告代理公司签订了定期合同。在这家公司，我遭遇了极端恶劣的工作环境，在前辈所施加的不太隐晦的心理虐待中“修身养性”，这些我将在后面的章节中具体介绍。重点是，这段经历开启了我的职业生涯。一年后，我开始在当地的一家通信咨询公司任职，ADComms 公司就是我曾经的客户之一，它是 TMP 环球公司（TMP Worldwide）[①] 的前身。我当时负责宣传雇主品牌 [②] 活动。一开始，我对雇主品牌这一概念一无所知，但当我了解到有些企业不仅为员工支付报酬，还关注员工是否获得了积极而有意义的工作体验时，我就爱上了这份工作。

2005 年，我从位于意大利米兰的 CNBC 金融频道辞任主持人，搬回美国，到一家头部雇主品牌公司任职。正是在这里，我开始了解并理解千禧一代。公司每年举办一次全球调查，探寻学生就业选择背后的驱动力，分析他们愿意为哪种企业效力。2006 年是一个特殊的年份，这一年大部分工商管理硕士（MBA）毕业生属于 X 世代，而大部分大学本科毕业生属于千禧一代。看到调查结果时，我怀疑数据整理时出现了失误，因为只有在这种情况下，才能解释两组数据之间的巨大差异：X 世代和千禧一代的需求竟截然不同！确认了调查结果无误后，曾经担任公共关系咨询师和记者的我产生了一种直觉：对代际思维模式转变的阐释将为世界带来不可估量的影响。于是我联系了媒

① 是一家人才招聘服务企业，通过利用雇主品牌，帮助企业聘用和留住合适的人才。——编者注

② 雇主品牌（employer brand）是雇主与雇员之间的一种可以传递给其他利益相关人、社会群体的情感关系，能够使组织在劳动力市场上保持独特性。——编者注

体、代际专家和学者，在此过程中我发现自己帮助企业雇主适应新生代需求的愿望愈加强烈。值得一提的是，就在那之前几年，美国麦肯锡咨询公司开展的一项研究揭示了，“人才战”是企业成功的战略性挑战和重要动力，那时的企业已经在竭尽全力地各展风采以吸引人才。人才供不应求的同时，渴望改变世界的一代人开始崛起，这两种情况的叠加带来了一次千载难逢的机会。我不想错失良机。

自 2006 年起，我作为雇主品牌运动的领导者，呼吁企业和政府将雇主品牌战略纳入人力规划。我了解新生代的渴望与抱负，并努力让世界听到他们的声音。雇主们逐渐明白了适应新生代需求的重要意义，并着手改变企业形象。这次变革对每家参与其中的企业和数千名雇员及其家庭都产生了积极的影响。随着行业和招聘竞争对手纷纷效仿，变革波及的人员数量呈指数级增长，到后来全球的大部分企业都达成了共识：有幸福感的员工才会创造更多效益，在某些国家的某些行业和企业尤为如此。到今天，我们几乎已经对尊重、幸福、灵活、发展、包容、友善等职场文化习以为常。回首过去，我把千禧一代的呼声传递给世界各地的企业，并帮助企业成为更好的雇主，可以说为推动世界改变尽了一份绵薄之力。

然而，要实现这种转变并不容易。千禧一代在人数上占据优势，很明显，对多数人来说，这是一个无法忽视的群体，这是不言而喻的。几乎一夜之间，企业的重心变成了吸引、招募、聘用、发展和留用千禧一代，这在当时的员工中引发了一场轩然大波。尽管传统一代、婴儿潮一代和 X 世代并不理解为何这群年轻人能够获得如此“优待”，却不得不照做。老员工们拥有几十年的工作经验，却突然被要求改变管理风格，要变得更加耐心和通情达理，要对绩效评估进行反思，甚至在人才选拔标准中去掉对学业成绩的要求，原因是老的评判标准不再适用于新生代员工。话说回来，千禧一代多多少少也是“被迫”获此“优待”。经验丰富的老员工就算不乐意，也只能尽力适应新形势，因为能否吸引千禧一代并维持这些年轻人的好心情变成了一项可量化的关键绩效指标。但事实上，多数老员工并不喜欢这种做法。

这成了职场中一系列变化的导火索，延缓了变革的进程。千禧一代初入职场，干劲十足，雄心勃勃，但大多数企业都不知道如何安放这些年轻人的热情，或者说不知道该为他们内心燃烧的火苗添把柴还是降降温。老员工看到千禧一代刚进入职场就享受到了他们打拼数年后才有望获得的待遇和赏识，工作积极性遭到重创。

其实任何一方都没有错：企业为了打赢“人才战”争相变革，却不曾向老员工解释变革的必要性、千禧一代的独特性、千禧一代想法的重要性；同样，千禧一代也无从了解职场动态、前辈的成长经历，以及自己的干劲和野心受阻的原因。结果导致员工之间矛盾不断，千禧一代无处释放被压抑的闯劲，老员工虽心存疑虑但还是得尽力“讨好”千禧一代。多年之后，两代人才学会协作，但他们之间的裂痕依然无法消弭。究其原因，**如果不同世代无法深刻领会塑造每一代人的力量，那么他们就算能够学会共存，也永远做不到完全接纳彼此。**

现在，Z 世代接过了千禧一代的接力棒，但不同于千禧一代，Z 世代所要求的变革与工作环境无关，而与企业是否真正致力于社会公益相关。我们每天在新闻中都能看到 Z 世代积极行动的身影。从美国的“永不重演”反枪支暴力运动，到美国抵制警察对黑人暴力执法的“黑人的命也是命”运动，再到马拉拉·优素福扎伊（Malala Yousafzai）对女性普遍接受教育的极力争取，我们看到越来越多的年轻人因为某项社会事业而共同崛起。他们正是世界迫切需要的人才。我们一定要鼓励和支持这些充满韧性、满怀理想的年轻人。

我像很多同龄人一样，深知我们这代人已无力改变世界，但我们 X 世代可以指引 Z 世代，并与千禧一代和婴儿潮一代携手，帮助 Z 世代提高影响力，推动创新。可如果员工初入职场时，对不同世代缺乏理解，无法进行高效协作，那我们就无法实现目标。现在，企业不能再逃避问题，而要阐明造就不同世代的原因，强调各世代优势，突出代际共性，协调多世代员工完成共同的目标。做好这些工作的重要性在今天尤为凸显。

阅读本书时，请深吸一口气，踏上一次穿越时光的内省之旅，去真正理解每代人不同的成长环境及其对人的心态、看法和行为的塑造。希望你在阅读时不抱成见，敞开心扉，卸下防备，反思而非排斥刻板印象。请试着想象一下，当年轻人的活力、创造力和理想主义与老一代人的知识、经验和适应能力相互结合时，将释放出怎样的影响力和创造力！**你会明白，只有凝聚集体的力量，我们才能改变世**

界！婴儿潮一代、X 世代、千禧一代、Z 世代，要齐心协力！

为了让这本书更加生动有趣，我在其中加入了真实案例，案例来自我与各个年龄段的教育专家、学生、人力资源从业者、行业领袖及员工的百余场面谈。他们的经历和观点将贯穿全书，在经本人允许的情况下，我在书中也会提到他们的名字。此外，在 2020 年 2 月至 7 月，我调查了全球 1 000 多位受访者与非同龄人一起工作的经历，并将相关数据发布在了《职场中的 XYZ 世代：2020 年度多世代劳动力研究》（*XYZ@Work 2020 Multigenerational Workforce Study*，以下简称《职场中的 XYZ 世代》）中。由于受访者都是匿名参与调查，因此我采用了角色描写的写作方式。如图 0–1 所示，图中的四张人像分别代表引述和总调查结果所对应的代际人群。虽然书中全篇使用这四张人像，但引述内容来自世界各地的几百位受访者。

图 0–1　职场中的四代人

注：根据所在地区不同，图中年份可能略有差异。

REFRAMING GENERATIONAL STEREOTYPES

目 录

REFRAMING GENERATIONAL STEREOTYPES

第一部分

欢迎来到多世代共存的职场

新一代人的出现就是一场新的野蛮人入侵。

赫维·艾伦
美国小说家、诗人

导读　化解代际冲突刻不容缓

半个世纪以来，人口出生率起伏不定，与此同时，人口预期寿命不断增加，因此进入 21 世纪 20 年代后，职场员工的年龄越来越多样化。老员工过了退休年龄仍在工作，Z 世代也进入了职场，历史上首次出现了四五代人并肩工作的场景。很多企业都在经历 X-Y-Z 代际鸿沟综合征，人们将代际多样性视为一种不利因素，这加大了建立和维持职场幸福感和高效率的难度。同时，世界正面临环境和社会危机、传染性疾病大流行等前所未有的挑战，这就要求我们群策群力：老一代要保护和倾听年轻一代，为年轻一代赋能、授权；年轻一代则要通过创新和发挥影响力来改变世界。这一点在当今社会比以往任何时期都更加重要。

尽管企业在努力传递一种以和谐和支持为核心的工作文化，但潜在的代际冲突导致不同世代的员工无法积极、高效地协作。婴儿潮一代和 X 世代往往认为年轻人有特权意识、缺乏奉献精神，并对此不以为然，因而年轻员工无法从前辈那里获得自己渴求的指导和授权。如此一来，千禧一代和 Z 世代感觉自己受到轻视，于是无法在工作中做出成绩，他们认为前辈自上而下的管理风格和“守旧派”思维是罪魁祸首。

同时，拥有丰富经验的婴儿潮一代和 X 世代也很沮丧，因为数字原住民迅速成长起来，这意味着他们即便已打拼了许多年，积累了宝贵的行业知识，也不一定能得到晋升机会。但千禧一代和 Z 世代似乎对企业赋予他们的自由和种种机会并无感激之情，更糟糕的是，他们似乎也不珍惜前辈的经验，不尊重前辈的地位。这一切加剧了员工冲突，造成了员工敬业度低、流失率高，创新停滞不前，雇主品牌遭到削弱等情况。

归根结底，这些情况的出现是因为员工对于造成世代差异的原因缺乏理解和认识。婴儿潮一代、X 世代、千禧一代、Z 世代的思维模式、期待以及对待不同沟通方式的反应存在差异，但他们有一个共同点：他们都有被人误解的感觉。接受彼此的需求、观点、优势、弱点、挑战甚至恐惧，是发挥代际合作影响力的关键。

REFRAMING GENERATIONAL STEREOTYPES

第1章

人才的战略意义

人才是推动企业获得成功的力量，因此，对人才的吸引和留用成了企业的当务之急。

People are the ones who drive business success, and as a result Talent Attraction and Retention has become a critical business imperative.

如今，我们打开新闻网站或阅读商业杂志时，总会看到无数关于“人才战”的文章，全球领导者和首席执行官们也纷纷发表观点，探讨员工何以成为企业最重要的资产。我们有幸见证了这一思想观念的转变。在 20 世纪 90 年代，婴儿潮一代是职场的主力军，企业市值的主要来源还是有形资产。但今天，众所周知，人才是推动企业获得成功的力量，因此，对人才的吸引和留用成了企业的当务之急。

后工业社会向知识社会的转变为人类的下一次巨变搭建了基本框架。尽管机器依然重要，但身处人工智能时代，负责设计、操作、管理机器，并与这些机器并肩作战的人将成为更加关键的因素。这些人将拥有什么价值？他们如何应对多文化、多世代的环境？数字时代对于“好”和“公平”的定义是怎样的？

随着科技发展，社会对人才的素质提出了新的要求。多数企业急需能够处理复杂系统，且能在社会活动和技术工作之间迅速切换的 T

型多元人才[1]，但这样的人才不可多得。《优兴咨询 2020 年展望研究》（*2020 Outlook Study by Universum*）显示，有 40% 的首席执行官承认他们“无法”或者“几乎无法”招聘到能够达成企业目标的人才。《2018 年普华永道全球首席执行官调研报告》（*2018 PwC Global CEO Survey*）显示，有 80% 的首席执行官担忧核心技能人才短缺（这一比例在 2010 年以来的十多年间同比持续增长），还将核心技能欠缺与网络攻击、民粹主义、地缘政治的不确定性以及社会动荡共同列为企业发展前景的最大威胁。

这说明，在传染性疾病暴发前，世界上多数庞大的经济体就已经面临严重的劳动力危机了。人工智能改变着人类、机器和算法之间的劳动分工，企业和政府持续探索自动化、机器人化和数字化引发的全球性技术人才短缺问题，如雨后春笋般出现的初创企业将工程师们从传统工作中解放出来，“零工经济”迫使企业重新思考雇用方式，这些因素导致人才形势急速转变。

2020 年的全球危机加速了人才变革的历史进程。疾病不仅摧毁了全球民生，将医疗健康系统推向崩溃边缘，还引发了全球经济混乱，“工作的未来”这一话题的影响力远超我们的想象。包括零售业、旅游业、酒店服务业、石油天然气行业、金融服务业在内的许多行业熬过了长期的打击，也要为了生存而进行自我改造；多种由于数

---

① 按知识结构区分出来的一种新型人才类型。指既有宽泛扎实的基础知识，又有精通专业技能的复合型人才。——编者注

字化发展而面临被淘汰风险的职业将彻底退出历史舞台；数以亿计的工人不得不学习新技能，加入新行业。临时用工模式的不稳定性被暴露出来，这种不稳定性要求我们对其采取系统性变革措施，这样才可能加速该模式的广泛应用。无数家初创企业由于缺乏资金而破产，几千名企业家重新流入市场，这对于愿意通过内部创业或创业计划来推动变革和创新的企业来说是一次吸纳人才的机遇。

全球的商业领袖和政治领袖都在奋力预期未来、未雨绸缪，我们可以确定：人才的战略意义被进一步提升。未来，我们不仅需要在员工的雇用、招聘、发展、技能培训、技能提升方面采用更加精细、灵活、合理的方法，同时也要让新生代发挥关键作用，与前辈同舟共济，擘画更加优良的发展轨迹，解决日益增加的错综复杂的难题，将这场人道主义危机扭转为一次发展机遇。“以长期的大规模战争为代表的全球危机摧毁了现有的秩序，颠覆了根深蒂固的观念，为新的体系、结构和价值观的萌芽与扎根铺平了道路。由于领导人和民众通常对重大变革持抵触情绪，因此只有在面临对现有体系和实践的毁灭性打击时，他们才甘心把部分主权出让给新的组织或规则。”

正如丹尼尔·阿拉亚（Daniel Araya）在其为《福布斯》杂志所著的文章《危机后的革命》（*The Revolution After the Crisis*）中所说，我们即将面临社会革新。**如果说每一代人都在努力解决上一代人的危机，那么 Z 世代将成为第二次全球复兴的催化剂，我们将“告别市场教条时代，迎来数字人文时代”。**

企业在未来是艰难存活还是发展壮大，取决于其能否将新生代的干劲、适应力及社会意识与老员工掌握的广泛技能及丰富经验有机结合。

REFRAMING GENERATIONAL STEREOTYPES

第 2 章

千禧一代的影响力

工作不只是一种谋生手段，而应成为人的一部分！

Work should be part of who I am,
not just a way to make a living!

如果不能充分理解千禧一代对于职场和整个社会的影响力，我们就无法讨论协调不同世代员工的必要性。大部分读者可能都遭遇过千禧一代相关文献和各种“如何应对千禧一代”指南的狂轰滥炸式推送，听得耳朵都起茧了。但请耐心听我说一句：要想展望未来，我们必须先回顾一下这了不起的一代人所引发的变革，这些变革让所有人受益匪浅，也正在为 Z 世代实现更有意义的目标铺平道路。

千禧一代迫使世界认识到：年轻人至关重要。他们的确有宝贵且重要的事情要讲，他们可以而且应该贡献自己的力量，他们可以成就伟业，创建强大的企业，他们的声音应该被听到。让我们暂停片刻，体会一下这件事的重要性。在千禧一代之前，社会的普遍共识是年轻人就像空空的容器，他们有巨大的空间需要被资深人士填满，只有当他们被前辈彻底“洗脑”或者完全掌握了属于自己的专业技能后，他们说的话才值得一听。这种现象在世界各地不同程度地存在。

作为 X 世代，我和多数 20 世纪 80 年代前出生的人都是这种心态的受害者。21 岁时我以优异的成绩毕业于美国的一所大学并决定搬回意大利，随后却开启了噩梦般的求职旅程。起初，我“非常幸运”地入职一家大型国际广告代理公司，担任初级会计。

无须赘言，当我意识到我的职责不是与客户合作、参与推销、出席会议，而是复印文件、按老板的口述写电子邮件、打扫卫生、整理尘封的档案（那时的档案还是纸质的），以及没完没了地买咖啡时，我感到心灰意冷。

而且，我发现在工作时间社交是不被允许的，这样做的员工会被立即辞退。我所在的公司有一间小屋，里面摆放着复印机和咖啡自动售卖机，当我复印文件时，其他部门的同事时常会进来找点喝的。我们会很自然地在接咖啡的片刻简单搭话，但总得有一个人保持高度警惕。一旦听到走廊里传来脚步声，我们的交谈就会戛然而止，因为如果某位上司发现我们在聊天，就会用并不友善的方式提醒我们：这是工作场合！公司不是花钱雇我们来闲聊的，如果再被发现一次就得承担相应的后果。

有一天，我实在受不了琐碎的工作，就请求老板让我去旁听一场老客户和创意团队的内部会议。这种“不服从管理”的举动导致我被人力资源部门叫去谈话。他们说我急不可耐、不切实际，他们无法接受我不合时宜的请求，劝我“好自为之”。但我没放在心上，我想证明自己朝气蓬勃、干劲十足。考虑到当时我所在的团队正在与一家法国汽车公司合作，我开始实施我的宏伟计划：对整个汽车市场进行全盘分析。我每天孜孜不倦地工作到深夜。终于，我完成了那份让自己引以为傲的图表丰富的分析报告，并提交给老板，告诉她我在业余时间做了一些对团队大有裨益的工作。她从我手中拿起这份装订好的报告，开始迅速翻看。她的眼神中透露出赞许，我开始充满期待：她注意到我了，终于要承认我的潜力了！我在这家公司要出人头地了！但她把报告递回给我，面无表情地说："下次如果你决定主动自行完成一些工作并交给上级，至少要保证文件页码是严格对齐的。"这是因为 50 多页的报告里有几页打印得略微歪斜，而且多数人压根不会注意到。然后，她就把我打发走了。那时我意识到，无论我如何努力，都只是"菜鸟"，不会有人倾听我的想法，或者给我学习专业技能的机会，让我拥有话语权。

在决定辞职之前，我联系了祖父皮耶罗。他是传统一代，吃苦耐劳。他 80 多岁时还精神矍铄，在自己创立的公司担任律师。我向他倾诉自己多么无足轻重、怀才不遇、万念俱灰。我告诉他我努力学习，以名列前茅的成绩毕业，就是为了能继续进步、有所作为，但我感觉所有机会都将我拒之门外。我向祖父宣泄完之后，满怀期待地等他鼓励我或者表示理解。但祖父听完我的倾诉后非但没有支持我，还数落了我！他认为我有过错！他认为我刚开始工作，只能屈服，任劳任怨，并且公司向我支付工资已经算我走运。向我支付工资算我走运？！我琢磨，这难道不是工作的基本要求吗？他的反应激发了我对"雇主品牌"的热爱，"职场中的世代"在之后的几年里也成了我热衷研究的课题。我没有听信祖父的话，而是辞职并开启了新征程。

我确实重蹈覆辙了——有一次，我工作过的一家企业的首席执行官拒绝在公司圣诞聚会上接触新来的实习生，因为他认为招募实习生是“一笔赔本买卖”。

最终，我遇到了 3 位与其所处时代“格格不入”的老板，我先后入职这 3 家公司。他们认可我的潜力，在我身上押注，为我提供了宽松的发展环境。我最痛心的是，回首过去，我一路走来遇到许多优秀的年轻人，他们永远不可能真正知道，如果老板没有视他们为职场菜鸟和企业的负担，他们本可以实现自己的价值，有所作为。当然，那时我还没有意识到，这并非意大利所独有的现象，而是全球很多 X 世代初入职场时面临的状况；婴儿潮一代和我祖父那一代（传统一代）的遭遇则更加险恶。

实话说，我常常好奇，假如在我出生的时代和地方，年轻人的野心和活力能得到赏识、不受压抑，我究竟还可以取得多少成就。现在你就可以理解，为什么虽然我每天都在接受来自千禧一代的挑战，却对这代人充满敬意和感激，那不仅是因为他们所代表的精神，也是因为他们像几十年前的婴儿潮一代一样，齐心协力地改变现状，有所建树。我将在第 5 章详细探讨这一现象。

人一文化（You Only Live Once，YOLO，意为“你只能活一次”）在 2011 年席卷网络，初衷是给老一辈一个“提醒”。尽管它一开始被诟病为“助推和怂恿鲁莽行为”，结果却使千禧一代找到了自己的生活和工作方式。举例来说：千禧一代认为工业革命背景下工作的定义已经不再适用，人不应再成为企业的奴隶。为了给雇主带来利益，坐在千篇一律的办公室或者隔间里，把激情深埋心底，按照身边人的喜好去塑造自己的特性和个性；而雇主只要发现员工不再适合企业，或者满足不了企业的期待，就会毫不犹豫地把他们一脚踢开。人们不应再搁置自己的生活，在年轻时把重心放在工作上，指望退休后完成所有的梦想。生活即当下，要活在当下！千禧一代人数众多，信念强大，他们的声音应该被听到，他们能清晰明了地传达这样的理念：**工作不只是一种谋生手段，而应成为人的一部分！**

但我的结论从何而来？让我们回到 21 世纪初，那时，互联网泡沫破灭；“9・11”恐怖袭击夺走了近 3 000 人的生命，反恐战争和伊拉克战争开始；意大利帕玛拉特公司（Parmalat）以及美国安然公司（Enron）、世界通信公司（WorldCom）等巨头在欺诈调查后纷纷垮台；美国前副总统阿尔・戈尔在其著作《难以忽视的真相》（*An Inconvenient Truth*）中揭示了气候变化问题，彼时全球气温达到历史最高点，40 万人丧命于发生在美国和印度洋间的自然灾害。同时，千禧一代目睹了父母在工作中虚度年华，被工作折磨得日渐衰弱，日复一日地不懈努力；把自己包装成与私下里截然不同的模样，变成了缺席的家长和伴侣；年老无为，并且把体验世界的梦想推迟到退休之后，因为工作时每年的年假只有 2 周。

2008 年如期而至。全球经济崩溃，很多银行倒闭，仅在美国就有数百万人失去工作、家庭和全部积蓄。他们曾为了美好的明天暂时搁置生活，努力地工作和存钱。轰然之间！生命却消逝了，留下了永远无法完成的梦想和永远无法弥补的珍贵的天伦之乐。

那段时间，我正在参与一家大型跨国公司的项目，我与一群大四学生组建了一个焦点小组。我对其中一个女孩的发言一直难以忘怀。她和我分享了一些很有意义的私事。她说，她的家庭是“男主外女主内”的传统模式，她的父亲从事银行业，母亲性格内向、温和，父亲则性格外向、风趣幽默。每天吃早饭时，父亲会开玩笑、唱歌、逗孩子笑，活力四射。但当父亲很晚回到家时，就会变成一副她几乎认不出的模样。他疲惫不堪，身上的光芒也消失了。一开始，她以为这是工作时间长造成的：父亲连续工作了12个小时，怎么可能不筋疲力尽呢？但后来她又想到，母亲虽然也夜以继日地照顾家庭和子女，却没有失去自我，不管她一天做了多少工作，她的本质没有改变。女孩意识到，工作时长并非罪魁祸首，父亲之所以会发生这样的变化，是因为他从离开家的一刻起就不得不为了融入企业环境而戴上面具，隐藏起自己独一无二的美好个性。他一生中的大部分时间都在强迫自己做“另一个人”，这从根本上改变了她的父亲。那天，她做了一个很多同龄人都会认可的决定：她将只为允许她做自己并且有“家”的氛围的公司效力，她认定友好的工作环境和工作生活的平衡比声望和高薪更加重要。

金融危机剥夺了很多人的工作，甚至使很多实习机会也被取消。

我提到美国，是因为那里是千禧一代首次“现身”的地方。尽管形势严峻，许多传统一代和婴儿潮一代还是看到了一线生机：既然千禧一代也亲历了苦难，就不会再“趾高气扬”或者胡言乱语，他们会认识到，只要能就业，做任何工作都比失业好得多，世界也会回到它“应该”运行的轨道上。但实际情况却与此背道而驰！

2008 年的经历巩固了千禧一代的信念：**要活在当下，而不是终其一生为无法充分赏识自己的雇主效力，做不喜欢的工作；与其那样，不如花时间陪伴自己所爱的人，做令自己感到幸福的事。**虽然他们对现实感到幻灭，却对未来满怀希望。他们没有画地为牢，而是聚在一起，通过行动改变了游戏规则。

千禧一代的理想雇主

在同时期，谷歌登场了。几个年轻人在车库里创办了这家公司。谷歌宣称并且证明了：年轻人可以成就伟业；工作环境不一定是枯燥乏味、毫无生气的；人没必要伪装自己；多样性蕴含价值；要接受和利用人的独特性这笔财富。

谷歌认为，员工福祉很重要，于是为员工提供高质量的食品、按摩服务以及休息室；创造力很重要，于是为员工设立了游戏室，因为玩耍能够培养创造力；员工的个人生活和情感很重要，于是为员工增加了事假天数，甚至允许他们携带宠物上班；人应该自由地追求自己的兴趣，于是实施了“20%”时间制，允许员工用 20% 的时间从事自认为对企业有益的事情。

此外，谷歌主张技术是一种推动力。虽然许多企业担心员工在办公场所使用社交媒体会影响工作效率或助长办公室闲谈的风气，因此对这种行为予以阻止或惩罚，但这家科技巨头允许甚至鼓励员工在办公时用社交媒体网站分享观点、协作和解决问题。

就这样，谷歌成了灰暗世界中的一线光明！这家由年轻人组成的公司满足了新生代的需求，而且它不只是一家初创企业：那时的谷歌已经具备了首次公开募股的实力。谷歌与其他企业简直有着天壤之别！

我还记得 2006 年的工作情形。那时我刚进入一家全球雇主品牌企业，为其建立美国的顾问团队。那里是我的一个起点，我开始帮助雇主进一步理解新生代、定义雇主价值主张（EVP）、制定雇主品牌战略，以吸引年轻人。工作 6 个月后，这家企业的首席执行官让我与她一同去纽约，与四大会计师事务所之一开会。那时，我即将主导的全球雇主价值主张项目正处于宣传收尾阶段。在我前往费城火车站赶 7 点开往纽约的列车时，接到了一个电话，提醒我拜访客户时需要遵守的五大原则：化淡妆，不准穿着暴露，不准露出脚趾，不准涂指甲，尽可能梳盘发。当然我就是这么做的！这就是那个年代得体的商务会议着装。

后来，还是同一家企业，但情况会完全不同！我们在“非常规地点”开会，大家穿着随意，女性常常涂着色彩缤纷的美甲，有些人挑染了粉色或紫色的头发，甚至有一次还在周三下午 3 点的会议上提供红酒。但除此之外没有任何变化：员工在开会时表现出的知识水平没有改变，企业依然蒸蒸日上，甚至更加壮大，我们的会面依然富有成效，甚至成果更丰厚。不难看出，**人在自由地做自己时会感觉更幸福；如果可以在会议中表达真我，而不必强行合群，会更容易想出好点子。**

2009 年，谷歌公司首次跃升至全球最理想雇主排名榜首，到现在依然居于领先地位。许多其他企业效仿谷歌，开始为员工提供类似的工作环境，他们经常询问我谷歌领先的原因。答案很简单：谷歌永远是职场革命的象征。谷歌定义了千禧一代，就像披头士定义了 20 世纪 60 年代的婴儿潮一代。千禧一代提出了设想，谷歌给出了答案。如此，新一代年轻人和科技企业联手，永久地改变了我们曾熟知的职场。

千禧一代的人生事业主义

过去，人才战的赢家多数时候是大型企业，它们拥有强势品牌，是行业领导者，能提供快速晋升通道和优厚的薪资。同样，企业依据学业成绩和工作经验来选拔理想的求职者。企业在吸引毕业生时，重点关注毕业院校、平均绩点以及实习经历。在众多成功企业中，国际银行、四大会计师事务所、管理咨询公司和最热门的跨国公司可以任意挑选人才，本地企业和规模较小的企业只能雇用一流院校的二流人才，或者干脆放弃一流院校，去寻找排名比较靠后的大学的最优人才。

在我们这些 20 世纪 90 年代末或 21 世纪初的毕业生的记忆中，人们鼓励学生阅读求职指南，上面列有雇主最可能提出的面试问题及标准答案。求职能否成功取决于我们能否记住标准答案，并在考官面前自信、坚定地复述出来。为了避免给雇主留下“懒惰”的印象，我们绝不能询问假期天数。如果雇主要求我们说出自己的性格缺陷，他们希望得到的回答是“我工作过于努力”。类似的问答还有：“你对于十年后的自己有什么期待？”“当然是为企业提供最大的价值”等。简而言之，企业在选拔雇员时，只关心求职者能否融入企业环境，并不在乎企业环境是否与求职者的个性相符。

我们大多数人都记得，当企业开始根据求职者在网络上分享的个人信息进行裁员时，我们迅速关闭了聚友网（MySpace，当时全球最大的社交网站）账户。员工在网上发布聚会时饮酒的照片，会因为“没能维护雇主的形象”，被企业解雇。在那个年代，我们为了避免遭受议论或者承受更坏的结果，不仅对个人生活和喜好绝口不提，而且有意识地向雇主隐瞒这些信息。

但千禧一代不同。他们会自由自在地谈论自己，不惧怕在社交媒体上分享个人生活。毕竟，如果一家企业不同意 20 多岁的年轻人享受工作以外的生活，做符合他们年纪的事情，那就说明这家企业并不适合年轻人。千禧一代和 Z 世代的个性备受瞩目，千禧一代想“无拘无束地工作”。这些年轻人的新理念是：真实的自我应当得到珍视和尊重。因此他们开始寻找在文化方面与自己高度契合的企业和符合自己个性的工作。

企业不得不迅速适应变化并很快意识到，在新形势下，学术技能和成绩不再是选拔人才的主要标准。同一行业的两家企业寻求的理想员工可能各有千秋。企业开始青睐拥有国际经验、能够融入企业文化并打破常规的谦逊的求职者，而非顶尖大学毕业、成绩优异的学生。花一个夏天在国外背包旅行的学生比在国内实习的求职者更有竞争优势。人才评价标准忽然发生了翻天覆地的变化。

新生代渴望无拘无束地工作，期待企业助推他们实现更加宏伟的蓝图，因此催生了新的职业原型。根据优兴咨询公司（Universum）的调查，可以把认为工作“就是工作而已”的 X 世代的职业原型简单划分为 3 种：

事业狂——他们想在知名企业中踏上光明的职业道路；
猎人——他们讲求实际，追求竞争激烈的高薪工作；
领导者——他们寻找能进一步提高领导才能的工作。

在千禧一代当中，猎人逐渐消失（这对于需要招聘销售人员的企业是个大问题，这些企业现在不得不重新考虑销售岗位的职能以及如何吸引销售人才），事业狂人数日益减少，领导者依旧稀缺。其他职业原型包括：

> 协调者——他们偏爱以尊重和平衡为管理哲学的稳定工作环境；
>
> 理想家——他们向往与自己拥有相同的伦理和可持续原则以及价值观的企业；
>
> 创业者——他们寻求发展变化的环境，并在其中掌控和解决棘手的难题；
>
> 国际主义者——他们思想开明，乐于通过接触新人以及到国外旅行和工作来与世界产生联系，这种职业原型的人数增长最快。

企业意识到，如果只谈名利，就会继续吸引事业狂，而将协调者和理想家拒之门外，但很可能未来年轻人中的大多数都属于这两类员工。

忽然之间，招聘越来越像约会。现在，招聘的关键不是企业单凭成绩、文化程度或者教育经历决定是否接受求职者，也不是求职者根据品牌声望选择雇主，而是寻找求职者个性与企业文化及环境之间的最佳匹配。X 世代或者婴儿潮一代在面试中绝不会遇到“你的人格类型是什么？”这样的问题。但随着生活和职业逐渐融合，人们期待企业支持员工追求工作以外的志向。**企业只有理解了“人生事业主义”，即欣然接受每种职业原型的价值观和理念，以及求职者更深层的情绪动机，才能脱颖而出，在人才招聘中创造持续性优势。**

REFRAMING GENERATIONAL STEREOTYPES

第 3 章

Z 世代的崛起

Z 世代认为，只有靠自己的双手
才能让世界变得更加美好。

Gen Z feel that in order to
make the world a better place, they must
take matters into their own hands.

现在，让我们把注意力转向最新一批青年才俊。在一篇发表于2018 年的文章中，美国麦肯锡咨询公司称 Z 世代为“真正的一代”，因为他们对真理孜孜以求：“真正的一代重视个人表达，拒绝被贴标签。他们对待各种事业都积极行动。他们坚信对话有助于解决冲突和改善世界。他们在做决策和了解企业时采用的是极富逻辑性且务实的方法。这就是为何我们说 Z 世代是‘真正的一代’。”

技术在 Z 世代“寻求真理”的道路上扮演重要角色。他们沉迷于移动设备，依靠网络社区和意见领袖来获取信息。Z 世代按需选择媒体，经常依赖二手资料，他们所接触到的内容由算法决定，他们所沉迷的媒体对他们的选择、行为和理念影响各异。来自澳大利亚的 Z 世代伊莎贝拉·威廉姆斯（Isabella Williams）告诉我：“很难对我们这代人一概而论，信息碎片化在很大程度上造就了我们这代人的多样性，两个人虽然生活在同一个区域，在同一所学校就读，却可能或多或少因为使用不同的媒体而成为截然不同的两种人。”这给吸引、招募、聘用和留用 Z 世代人才的工作造成了更大的困难。

Z 世代的理想雇主

还记得千禧一代曾令很多人措手不及吗？我们应该再次做好准备，迎接 Z 世代带来的冲击，因为他们一样不好对付，他们将迫使企业采取多种方式进行第二次变革。

企业要能够提供充分的培训

从 Z 世代起，攻读传统大学学位的人数或将减少，因此，我们有必要对教育体系和企业招聘进行变革。前几代人将本科和研究生文凭视为头等大事，但 Z 世代更倾向于接受在职培训。《优兴咨询 2015 年 Z 世代研究》（*Universum 2015 Gen Z Study*）表明，在全世界 15～19 岁的 Z 世代中，72% 的人认为如果企业能提供充分的培训，他们会考虑放弃读大学。

这种观念的转变完全合乎情理。因为美国千禧一代对教育的需求很旺盛，读大学的费用飞涨，但是高学历并不能转化为高薪资。尽管人们假定教育程度越高，工作效率就越高，薪酬也越高，但到了 21 世纪初，工作效率与薪酬脱钩，大多数大学毕业生无法获得与工作效率成正比的报酬。“我们担心工作量增加，通胀率上升，工资却停滞不前。税率在不断提高，应届毕业生的起薪增长率低于通胀率，我们为自己的未来担忧。设想一下，你在生命中的前二十多年努力学习，工作后却只能拿到基本工资，在随后的十年中都无法养活自己。”来自新加坡的 Z 世代丽奈特·林淑惠（Lynette Lim Shuek Hwee）说。

在某些地区，特别是美国和英国，学生贷款难以为继，许多学位无法帮助学生快速赚钱补偿开销。因此，直接工作赚钱变得比接受长期教育更加诱人。此外，人们支持攻读学位的主要理由是学生毕业后的起薪比较高，这一点对 Z 世代并没有吸引力，他们认为经历比有形财产更重要，他们不像前几代人那样渴望金钱奖励。同时，选择性教育和在线学习工具有所发展，进一步降低了名校经历在学生简历中的重要性。过去，只有常春藤盟校的学生才能参加常春藤联盟教授的讲座，但今天，尤其是在后疫情时代，很多讲座都在网络上对所有人开放。

“工作的未来”这一话题就应运而生了。伴随着行业合并，即将出现新的工作岗位，这些岗位要求员工掌握新技能。世界经济论坛发布的报告《未来就业：新经济时代的就业机会》（*Jobs of Tomorrow: Mapping Opportunity in the New Economy*）指出了 7 个快速发展的新兴职业，它们在 2020 年至 2022 年间创造 610 万个新的就业机会。这意味着新生代必须把重点从学业技能完全转移到个性化技能上，包括商业技能、行业专业技能、通用技能和软技能、技术基础技能和技术颠覆技能。但现在，学生很难在大学里学到这类技能，至少学习成效并不显著。人们不确定目前的教育体系能否迅速变革，以满足未来劳动力的需求。简而言之，为了让学生感受到物有所值，要确保教育能为 Z 世代提供他们迫切需要的各项技能——多元的、可迁移的、持久的技能。

考虑接受正规教育的 Z 世代人数逐渐减少，他们基本都是根据个人爱好选择专业学习课程。他们想专心做自己感兴趣且有益于他人的事情。这样做的好处是，他们将更加关注人文科学、传播学和艺术，随着人工智能取代更多的技术人员，这些学科的人才将受到欢迎；但同时也意味着科学、技术、工程和数学专业的学生人数将急剧下降。"可能还有一个因素：现在的职业选择比以前更加丰富。现在的工作在本质上具备更强的跨学科性质，学生毕业后明显会有更加多样化的学业和就业选择，"新加坡国立大学工程科学项目主任安杰姆·胡尔希德（Anjam Khursheed）教授说，"教育机构必须引入更多可与工程学同修的各类学科组合。我们需要改变课程设置，方便学生结合工程学和商科、自然科学和人文等学科进行学习。"2019 年 9 月，新加坡国立大学宣布在 2021 年成立人文与科学学院，这是推进通识教育，"增加教育的灵活性，促进学科交叉融合"的一项举措。

Z 世代认为技术不应作为一门独立的课程，而应作为贯穿所有学科和专业的一条主线。Z 世代担心，如果教育体系不紧跟时代，他们就无法掌握面对未来世界所需的技能。来自印度尼西亚的 Z 世代迈克尔·努格拉哈（Michael Nugraha）说："关于未来，Z 世代最关心的问题是，在就业市场竞争日益激烈的背景下，他们能否掌握做简单工作也需要的大量技能。世界越来越错综复杂，有必要跨学科学习，因为单纯的科学或技术已经无法解决难题，而要把科学和技术相结合，这不仅仅关乎生态学、社会学或人类学。社会和企业需要采用跨学科的方法来应对前方的挑战。”

全球的教育体系也开始效仿新加坡国立大学，迎接挑战，与顶级企业合作打造跨学科课程，为学生提供丰富的实际经验。比如位于新加坡的沙箱计划（The Sandbox）是新加坡义安理工学院为推动创新创业所设的一站式中心，它与 Visa、PayPal、华侨银行、大华银行、星展银行、渣打银行、保诚集团、金融壹账通等顶级企业联合制定教学计划和项目，目的是培养和调动学生的创业精神，通过实习培训开发他们的关键技能。

疾病流行进一步加速了教育体系的变革，也加速了未来的到来。高等院校不得不迅速寻找方法转战线上，吸引学生积极参与居家学习，确保学生及时了解行业所需技能。员工可以在任何地方工作，学生求学的方式和地点也将发生变化。“学生们将拥有怎样的未来？我相信这是许多教育工作者都在扪心自问的问题。作为教育工作者，我们的职责是向学生灌输终身学习的理念。学生应该自主且积极地提升自我，以保持领先的优势，同时要适应线上学习和课堂学习相结合模式长期存在的情况。”新加坡义安理工学院沙箱计划主任谭清清（Tan Ching Ching）如是说。

全球各国的政府都在为此投入更多资金，新加坡在这方面也是变革的引领者。新加坡正在迅速迈向“智慧国家”，政府通过改变教育方法来解决社会对未来技能人才的需求。虽然新加坡的教育机构一直以来重点培养学生过硬的学术能力，但从 2023 年起，分数和考试结果将不再是学校关注的焦点。相反，教育机构将鼓励儿童通过个人发展、讨论和应用学习技能来打造个性化的学习之旅。作为一个城市国家，新加坡的另一目标是，到 2030 年在关键领域成为全球领导者，引领可扩展且有效的人工智能解决方案的开发和利用。2019 年 11 月，新加坡发布了国家人工智能战略，其中一个重要目标是确保从事和使用新技术的员工掌握必要的技能。为了实现该目标，新加坡计划在 2025 年前，培训 25 000 名能完成基础人工智能编程和实现工作的专业人才。

因此，谈到 Z 世代及其教育观时，未来是否会有大量的 Z 世代在高中毕业后直接进入职场，很大程度上取决于政府、企业和大学能否把握变革的契机。除了企业大学的队伍壮大之外，全球各国政府助推大学和企业联合设立混合项目的情况也越来越普遍。2017 年，戴森与英国华威大学共同成立了戴森工程技术学院（Dyson Institute of Engineering and Technology），在这里，“新生代可以沉浸式获得工程学学位”。该学院的四年制项目采用了学位学徒制教学模式，学生可以开展学术研究，同时与戴森全球工程团队一起通过工作学习知识。学生一边全职就读，一边在戴森参与带薪的实际项目，最诱人的是，学生可以“无债一身轻”地毕业。

最后，正如我们所预料的那样，谷歌、苹果、IBM、美国银行、特斯拉等先进的企业已经把没有大学文凭的人才收入麾下。埃隆·马斯克就坚决主张，一个人所拥有的知识，及其获得知识的地点和方法并不重要。他在 2020 年 2 月 2 日发布的推文中宣布特斯拉正在招贤纳士："博士学位绝非硬性要求……我甚至不在乎你是否有高中毕业证。"他只要求求职者掌握丰富的人工智能知识和编程技能。2020 年 7 月，谷歌公布了一系列新的职业证书项目，美国学生可以通过参加项目精选的专业课程，在 6 个月内获得从事高薪、高增长工作的职业资格，而无须完成大学学业。谷歌全球事务高级副总裁肯特·沃克（Kent Walker）在 2020 年 7 月 13 日发布推文称公司"将对持有项目结业证书和大学文凭的相关岗位求职者一视同仁"。

虽然高等教育在可预见的未来依然是人才的主要来源，但可以肯定的是：**雇主要开始思考企业如何适应变化，扩大规模，建立人才培训和发展项目，以吸引新生代，并为他们传授必要技能。**企业还需要反思与教育机构的合作方式和用人标准，即通过名校文凭确定岗位最佳人选是否为最有效途径。

企业要拥有创造社会影响力的能力

诚然，在千禧一代的影响下，人们开始关注自然环境，但目前几乎尚无任何作为，气候变化已经带来环境严重恶化的后果。然而，不仅是全球领导者、企业和政府迟迟不肯采取行动，甚至连我们在过去十几年所取得的成果也正在发生逆转。仅举几例：美国特朗普政府在近 100 项环保规章制度上“开倒车”，还曾退出《巴黎协定》，巴西强行进一步放宽环保政策监管，加剧了森林砍伐和栖息地破坏……这些只是环境相关问题，其他问题包括贫穷、饥饿、医疗、社会不平等以及人口老龄化。当下的疾病大流行让这些问题雪上加霜。

在达沃斯世界经济论坛 2019 年年会上，世界自然基金会总干事马尔科·兰贝蒂尼（Marco Lambertini）呼吁“要对人类与地球的关系进行一次史无前例的文化变革”。他强调：“如果我们继续以现在的方式生产、消费、消耗能源，那么森林、海洋和气候系统将会因不堪重负而崩溃。”

不难理解为何 Z 世代有着强烈的忧患意识。他们见多识广，有国际视野，很早就认识到人类正面临全球重大问题；他们有责任感，渴望扭转乾坤。千禧一代在初入职场时满怀信心，以为在私营或公共部门工作就可以改变世界。Z 世代则不同，他们相信只有做出直接贡献才会对世界产生影响。Z 世代并不认为履行企业的社会责任或者做慈善事业能够证明一个企业真正热爱或致力于“社会公益”，企业更多是为了“抵税”，占据巨大的公关优势；因此，Z 世代认为只有依靠自己的双手才能使世界变得更加美好。一项调查显示，在全球范围内，55% 的 Z 世代有兴趣自己创业（这一比例在印度尼西亚高至 88%），主要原因是他们将创业视为发挥重大影响力的万全之策。“我想开办公司，自己设计产品，因为我看到了世界的种种问题。社会很虚伪。人们声称要对环境友好，却利用先进的技术来生产和销售人类终将丢弃的产品。我想针对超消费主义开发新型模块化设计产品，并结合现有产品的功能，使用户只需拥有一件优质且耐久的此类产品（如鞋、夹克、多功能椅子）即可。这是我的人生使命。”来自新加坡的 Z 世代丹尼尔·傅俊伟（Daniel Foo Jun Wei）说。

不只是 Z 世代企业家需要变革，打算在企业就职的 Z 世代也选择了那些将目标感刻入 DNA 的企业，并促使企业实现其倡导的变革。Z 世代也希望高层管理者允许他们参与可以影响企业甚至全社会的项目，并且这种影响力应具有可追溯性。

《职场中的 XYZ 世代》显示，91% 的 Z 世代学生表示，他们在选择未来的职业或就职的企业时，更重视的是企业创造社会影响力的能力。他们尤其希望解决不平等、教育、贫穷、可持续性和气候变化相关问题。

我们这一代对未来最大的担忧是未来是否存在。如果是，和平还能延续多久？冰川会继续融化吗？温度会高到令人无法喘息吗？我们和下一代还将有足够的生存空间吗？我们的工作会被人工智能取代吗？我们深感不安和茫然。过去，正常的生活轨迹是学习、长大、工作、退休，但现在，未来令我们胆战心惊。

丽奈特·林淑惠
来自新加坡的 Z 世代

Z 世代的道德消费主义

作为消费者，Z 世代正在重新定义消费者权利，他们认为购买选择比他们投出的选票更能影响世界。他们的消费者行为动机与伦理、环保、政治相关。这种生活态度催生了“联合购买”（buycotting）一词，即确保每日的消费性开支都能体现他们的价值观。2019 年的一项研究显示，多达 75% 的 Z 世代可能会为了支持某个品牌所扶持的事业而购买该品牌产品；同理，许多人也会停止购买与他们的价值观不符的品牌产品。移动商务的广泛使用使得 Z 世代可以轻松地做出购买选择。

千禧一代为社会带来了“工作环境与文化”，Z 世代将像前辈一样推动下一次“目标与影响力”的巨变。如果你认为 Z 世代会因 2020 年全球危机而退缩，请再斟酌下这个观点，十几年以前我就听到过同样的声音。2008 年金融危机使千禧一代下定决心加入尊重和理解员工的企业，同样地，传染性疾病大流行会让 Z 世代更加果断地选择并且支持那些将环保和社会责任融入商业模式的高尚企业。对于“洗白”的行为，Z 世代是不会买账的。

“联合购买”的理念在改变着公司的宣传方式，把产品冠以“市场第一”的旧方法已经无济于事。企业逐渐认识到，为品牌赋予更加宏大的使命比发送营销信息的传统做法更有助于销售，因此，雇主品牌和消费者品牌之间的界限将逐渐模糊、融合，直至消失。

对于希望打造强势雇主品牌的企业来说，企业公民（Corporate Citizenship）很快将成为必选项。原因有二：第一，这本身是正确的做法；第二，一方面，年轻人消费行为的动机主要与伦理、环保和政治相关，另一方面，Z 世代极受影响力的驱动，只有目标坚定而明确并且让他们发挥重要作用的企业才会被纳入考虑范围。总之，企业如果想要吸引 Z 世代消费者，招揽 Z 世代人才，就要把传播企业目标作为主要竞争优势。

于是，越来越多的企业开始重新定义自己的使命，许多企业通过可持续盈利能力成功地把企业目标与盈利相结合。2020 年 6 月，联合利华宣布投资 10 亿欧元成立“气候与自然基金”（Climate and Nature Fund），计划通过停止砍伐森林、促进再生农业发展、保护水资源、生产可生物降解产品、在 2039 年实现净零排放，来应对气候变化，保护和重建自然，为子孙后代守护资源。亚马逊在 2020 年 6 月发布的年度可持续报告中承诺保护环境。亚马逊“气候承诺基金”（Climate Pledge Fund）将进一步加快未来在低碳经济创新领域的投资，先期为提供过渡解决方案和产品的企业注入 20 亿美元初始资金。亚马逊还宣布计划将于 2025 年实现 100% 使用可再生能源，比最初提出的目标提前了 5 年，并且将在全球投资基于自然的解决方案和植树造林工程，减少包装废弃物。

令人遗憾的是，大多数企业并不能像联合利华和亚马逊一样做到“言行一致”，连参与重大社会项目和环保项目的企业也无法将这些项目与其业务或愿景联系在一起。因此，根据最近的一项盖洛普研究，60% 的千禧一代认为自己与企业的使命毫不相关，这一比例在 Z 世代中可能更高。

帮助 Z 世代成为未来的优秀管理者

疾病流行不仅会使 Z 世代坚定决心为社会做出有益贡献，也必将对世界产生深远影响。正如大萧条之于传统一代，第二次世界大战结束之于婴儿潮一代，柏林墙倒塌和互联网泡沫破灭之于 X 世代，美国“9·11”恐怖袭击事件和 2008 年金融危机之于千禧一代，2020 年的全球范围的隔离措施及其后果将成为 Z 世代生命中重要的里程碑。

我们来看疾病流行对 Z 世代的学业和初入职场的影响。学校不允许学生进入，他们只能每天在数字平台上课并参加考试；毕业生不能站在台上领取毕业证书，也无法在朋友和家人的簇拥下庆祝自己的成就；校园招聘暂停，许多人错过了与雇主面谈的机会，也无法进一步了解不同的职业选择，最后，获得实习或工作机会并且没被“放鸽子”的幸运儿们入职并开始线上工作，但他们无法与人面对面交流，只得通过做项目快速了解市场；而其他运气差一些的学生得知自己被取消录用后，只得继续找工作。

即使是之前，年轻人就已经在挣扎着适应日新月异的社会，主要原因是目前的教育体系仍然过度关注知识学习，而没有尽力帮助学生为职业生活做好准备。

“我们这代人感到抑郁、焦虑、压力大、自卑。年轻人生怕自己不是天才、表现不优秀，担心自己脆弱敏感，对社会规范备感压力，因总被比较却得不到应有的倾听而抑郁，因看到别人似乎在井井有条地生活而感到自卑。”印度尼西亚的 Z 世代迈克尔·努格拉哈说，“在当今社会，就业市场需要高级技能人才，社会对我们在学校取得的成绩期望很高，但实际上在种种高要求的压力下，我们连厘清自己的内心需求和看家本领的时间都没有。目前的教育体系要求我们变成天才、变成超人，无所不能，个个一样完美，但实际上我们只是兴趣和技能各异的普通人而已。”

疾病流行对经济的影响使年轻人受到重创，尤其是零售业、旅游业和酒店业等行业的从业人员和计划入行人员。这些行业受到的影响最大，招聘需求急剧减少。在新形势下，管理者今后要发挥两大作用：不拘泥于本企业的人才需求，帮助世界各地的年轻人掌握必备技能，积极参与社会，为社会做出更大贡献；让 Z 世代员工发声，帮助他们成为未来的优秀管理者。来自澳大利亚的 Z 世代伊莎贝拉·威廉姆斯如是说：“当下的疾病流行、环境灾害等使人们对未来无比悲观。我希望我们这代人能重振精神，对自己在世界中的位置有更清晰的认知，推动大家积极主动地开展环境、政治和文化的可持续变革。”

Z 世代的内心充满改变世界的动力和愿望，也拥有因历经苦难而修炼出的适应能力、韧性和仁爱，他们正是社会所渴求的人才。公共部门和私营部门越来越多地寻求与非政府组织合作。年轻一代是积极分子，他们采取积极行动，推动变革；他们是有良知的消费者，期待企业采取可持续手段做出积极变化；他们是未来的人才，掌握许多助力企业迈入未来的技能。

来自印度的千禧一代工程师阿格里姆·辛格（Agrim Singh）认为，Z 世代的到来对世界和职场大有裨益。他说："Z 世代进入职场是件好事。他们敏锐，有使命感，善于规避风险，敢于表达真实想法，并且能群策群力，不会试图靠单打独斗去改变世界。Z 世代是多样性的代言人，也是更好的职场人。由于技术的飞跃及个人发展的便利性，他们往往还拥有大学专业之外的才华、知识储备和广泛兴趣。对于 Z 世代而言，最重要的是为有益于社会的宏伟使命而奋斗。比如，'就是这样'（It Is What It Is）活动利用人们的错失恐惧症（Fear of Missing Out，FOMO）[①] 和 Twitter 软件从而为'黑人的命也是命'运动进行慈善募捐，就是其中的一个案例。"

联合利华成功地将以上战略付诸行动。该公司不仅致力于开展可持续的商业实践活动，而且越来越重视开发和启动"青年计划"项目，目的是通过提供免费且便捷的学习机会来提升青年就业能力，使年轻人成为负责任的公民。2016 年，联合利华在南非启动了名为"升

① 一种焦虑的心理状态，特指因担心失去或错过什么而产生焦虑和烦恼。——编者注

级”（Level Up）的就业准备计划，旨在解决青少年就业能力问题，帮助年轻人才和未来的管理者掌握面向未来的职业技能，以适应现代职场。“升级”计划的初衷是实现教育机会均等，为非洲年轻人赋能，把他们送上可持续的职业道路。年轻人可以在业余时间参加每月举办的大师课程，完成九大专业模块的学习，获得免费证书。九大模块包括：找寻职业目标，选择职业道路，探索合适的工作，建立自己的品牌，申请中意的职位，面试技巧，入职事宜，职业咨询，多样性与包容性。

“年轻人潜力无限。他们有创造力，坚韧不拔、雄心勃勃。我们要做的就是相信他们，为他们创造茁壮成长的空间和机会。‘升级’计划是一次有益尝试，有利于创造公平的竞争环境，更快地帮助非洲年轻人掌握知识和技能，使他们能在企业、政府、非政府组织以及创业公司中发挥引领作用。帮助年轻人为职业生涯做好准备是每位企业公民的责任。”联合利华南非公司人力资源副总监梅切尔·切蒂（Mechell Chetty）说。

环球青年领袖论坛（One Young World）创始人凯特·罗伯逊（Kate Robertson）在采访中多次谈到，为普通年轻人提供支持非常重要，因为他们联系紧密，熟悉所在社区的需求，因此更有可能找到解决问题的良方。环球青年领袖论坛发现、联结并宣传青年领袖，为他们搭建国际平台，并与政府和教育机构合作为全球的青年和平缔造者赋能。此外，大会还设立了“引领 2030”奖金，资助 30 岁以下的创业者加速实现他们设立的可持续发展目标。2020 年 5 月，环球青年领袖论坛与比尔及梅琳达·盖茨基金会（Bill & Melinda Gates Foundation）、联合劝募会（United Way）建立了合作关系，资助全球青年创业项目，及时满足疾病流行背景下的社区需求。如果想感受当代青年的坚定执着，不妨关注环球青年领袖论坛，它也被称为“全球年轻人的达沃斯论坛”。每年，成千上万的领袖和年轻人齐聚一堂，为解决最重要的全球问题建言献策。

“我希望看到与我们并肩作战的年轻领袖担任要职，掌握大权。我看着世界各地的年轻同事，想象他们将成为二十国集团的领导者，然后我就可以退位离场，因为我已经大功告成。当他们成为企业和政府的领袖时，世界会更加美好！我完全相信这一点，这不是建议，而是呼吁。”凯特在 2018 年的一次采访中说道。

另一个很好的例子是凯洛社团（The Kairos Society），这一全球性社区的成员包括致力于解决世界最大挑战的青年企业家、顶尖学生和全球领袖。每年，世界各地的青年才俊汇聚在凯洛全球峰会（Kairos Global Summit），知名首席执行官、导师、初创公司代表、青年企业家分享各自对未来的展望，并与会上的青年人才启动潜在合作。凯洛全球峰会还公布了全球 50 家由 25 岁以下青年单独或合作创立的、致力于解决全球问题的最具潜力的公司。凯洛社团的支持者包括彼得·戴曼迪斯（Peter Diamandis）、理查德·布兰森（Richard Branson）、比尔·盖茨和美国前总统比尔·克林顿等国际导师。

> 我希望前辈们能理解，当今世界危机四伏，年轻一代对个人的职业思考有所欠缺。有时候，我不禁觉得在全球性流行病、环境灾害、政治动荡、贫富差距日益加大等背景之下，个人职业是如此无足轻重。我认为，如果老一辈能给予我们多一些关爱，并结合当前时事思考未来的职业，他们会更容易理解我们这代人。
>
> 
>
> **伊莎贝拉·威廉姆斯**
> 来自澳大利亚的 Z 世代

吸引并留住 Z 世代

从千禧一代大学毕业进入职场开始，我帮助了数百位雇主了解、吸引、聘用、训练、培养以及留用千禧一代。没有人预料到千禧一代是如此特别，他们的涌入让企业陷入恐慌，在银行业、专业服务业、金融服务业等传统行业内尤其如此。这些企业怎么能与谷歌展开竞争？

以前，一个强势品牌、良好的福利待遇和升迁机会就足以让企业获得人才的优先选择权。但时移世易，这类企业怎么可能吸引到对工作环境“如此挑剔”的一代人呢？

忽然之间，企业不得不踏上一次自我探寻之旅，不仅要熟悉企业的股市表现、产品受欢迎程度，还要搞清楚企业的本质、主张和目标分别是什么，需要开展哪些变革，在发展、环境、经验和价值观方面能为人才提供什么帮助。回答完这些问题后，企业就可以揭晓崭新的雇主价值主张，讲述其美好故事：充满幸福感的员工在友善的氛围中灵活地从事有意义的工作。

企业一步步地把这些信息传递给潜在的人才：先通过校园或招聘人员进行传播，然后使用数字途径散播，最终抵达潜在员工，企业用这种方式更好地吸引和留用员工。你也许记得一些早期的雇主价值主张口号：惠普的“做你自己，做一个发明家”（Be Yourself, Be an Inventor），强生的“生机勃勃”（Be Vital），通用电气的“梦想启动未来”（Imagination at Work），微软的“保持本色，做你所爱”（Come As You Are, Do What You Love）。这些就是众所周知的雇主品牌的开端。

十多年之后，企业仍在努力应对千禧一代带来的变化，但几乎没有企业把目光真正地锁定在 Z 世代身上。我对此感到惊讶，也有些困惑。多年以来，我总听到人力资源管理者和企业领导谈论企业迎合千禧一代是多么困难，他们后悔没能提前预测千禧一代将引发的变革，从而占据先发优势。但 Z 世代已经近在眼前，企业却放弃了与他们提前沟通的宝贵机会。高层管理者和人力资源专家要明白，当 Z 世代准备好进入职场时，企业就已然陷入被动。

在招聘方面，企业面临的主要挑战是挖掘具备胜任能力的人才。我们在前文已经谈到工程人才短缺问题将更加突出，所有行业都将加入“抢人大战”。简而言之，Z 世代技术人才对于企业来说将是稀缺资源。雇主们要打好手中的牌，确保自己的企业是人才的首选目标，确立企业的杰出雇主地位。这就需要企业拥有清晰的愿景、坚定的目标，以及为 Z 世代赋能的企业文化，帮助 Z 世代在短时期内取得亮眼成就。

然而，仅有重大承诺还远远不够。企业还要确保办公环境一切就绪，企业的每位员工都愿意并且做好准备接纳 Z 世代。企业需要实现他们在招聘过程中关于每个职业生涯阶段的承诺，兑现他们的“誓言”。特迪・杨（Teddy Yang）是千禧一代，也是宝洁公司一名经验丰富的人力资源专家，他认为留住人才的关键是展现雇主价值主张。“如果雇主向入职的青年人才承诺将为他们提供推动创新和发挥影响力的机会，就必须让他们享受到这种体验，方法是设置有意义的工作职责，让员工拥有分享创新性观点和影响企业决策的能力，鼓励中层管理者支持企业兑现承诺，不能让官僚主义成为这一过程中的绊脚石。”

这意味着整个企业要发自内心地对 Z 世代进行迎接、引导、倾听和赋能。

四代人身处同一职场并非易事。婴儿潮一代和 X 世代往往不懂得如何吸引千禧一代和 Z 世代，不理解企业为何需要花费大量时间指导新生代，为何这些年轻人需要（并且能获得）如此之高的工作灵活度。多数情况下，这并非新生代自身的过错：现在年轻人踏入职场的情况和 20 世纪八九十年代大相径庭。可以预料，如果一个人没有天生的好奇心和识人的本领，他可能就意识不到新生代渴求什么，对什么感兴趣，如何才能产生参与感，对管理者有何期待。在这种情况下，即使企业借助“管理者将激励人才并为他们赋能”的承诺来吸引贤才，也无法留住人才。代际冲突是青年人才离职的一个重要原因，这是很多企业面临的日趋严重的问题。吸引合适的人选本就相当困难，人才流失的代价又极其高昂，这还不包括培训人才的时间成本，以及离职员工把技能转移到竞争对手企业所带来的损失。

尽管很多企业在拼命寻找有创造力和目标感的人才，但几乎没有企业能为普通的 Z 世代青年提供有吸引力的工作环境。为了不让 Z 世代失望并在短时间内离职，企业一定要确保现有员工有代际意识。千禧一代教会我们一个道理：如果企业不能快速适应和接受积极有益的变革，必将落后于人！

REFRAMING GENERATIONAL STEREOTYPES

第 4 章

代际多样性的兴起

多样性可以成为企业的一笔宝贵财富，为企业引入新鲜视角以及应用型知识。

Diversity can be a great asset to a company, introducing fresh perspectives and applied knowledge.

企业目前面临的情况是婴儿潮一代延迟退休，X 世代做好了“接棒”的准备，千禧一代纷纷走上管理岗位，Z 世代初入职场，企业必须学会为极其多样化的员工创造最好的工作环境。遗憾的是，世界各地的人口结构变化情况不同，因此并没有“放之四海而皆准”的解决方法。在日本、意大利等国，大多数劳动力仍然是老龄人口，超高龄老人的数量在未来 60 年将会翻倍。在其他国家，如越南和印度，年轻一代是中流砥柱，年龄和经验的差异制造了文化鸿沟，很多年轻员工还是经验丰富的老员工的上司，着实是雪上加霜。

多样性可以成为企业的一笔宝贵财富，为企业引入新鲜视角和应用型知识。但如果不谨慎对待多样性，也会导致企业环境不稳定，员工沟通不顺畅，工作预期相互矛盾。婴儿潮一代、X 世代、千禧一代和 Z 世代的工作方法不同，如果认识不到这一点，就会影响企业生产效率和客户满意度。只有各级员工沟通顺畅，并且对每个人的职责有清晰的认知，企业才能创造最佳业绩。每代员工都想获得认同感，凭工作成绩受到尊重，他们想了解清晰的职业发展路径，想要享受家庭时光、追求个人目标、完成工作“三不误”。

问题在于每代人对“沟通”“尊重”“灵活度”等关键词的定义不同。同样一件事，这代人认为合情合理，那代人可能觉得不合时宜甚至有失公允。这导致不同世代的员工对彼此充满敌意，结果耽误了工作。

企业内部的代际差异也会影响企业和客户之间的交流。我们设想一下，如果一个跨国公司的团队成员主要是老龄员工，那么企业就很难吸引到年轻顾客，反之亦然。为了尽可能地扩大客户范围，企业需要打造一支视角多样、观点各异的人才队伍。但是当团队无法协调一致时，客户服务就会变差，因为在充满冲突和误解的工作氛围中，分配任务、开发创造性解决方案以及有效地解决问题都很难实现。因此，出于利益最大化的考虑，企业应当仔细分析跨代职场中的挑战，寻找积极的解决方案。

某些行业在“千禧一代职场革命”之前就认识到了新鲜视角的重要性。快速消费品行业是一个很好的例子，因为这个行业需要不断地赢得新一代顾客的青睐。

许有杰是婴儿潮一代，现任宝洁公司大中华区传播与公关副总裁兼首席可持续发展官。1992 年，他大学毕业后成为宝洁公司的营销人员。他还记得第一天上班时，上司对他说：“你学习过营销和传播专业，所以你明白产品全生命周期的概念，就是任何事物的发展都是一条抛物线。但我们不信！你的工作就是打造经得起时间检验的品牌。秘诀就是不断寻找与时俱进的方法，吸引年轻用户。”当然，没有人比年轻消费者更了解他们自己。在过去几年，有越来越多的企业开始重点招聘最优秀的大学应届毕业生，并为他们提供最好的培训，原因就在于此。这确保了有源源不断的年轻人流入企业，他们虽然缺乏经验，但能为企业带来新的视角。

婴儿潮一代依然非常重要，但可惜他们即将退休，所以企业不会把他们列为专业发展和职业晋升的重点培养对象。但他们掌握各种宝贵的技能，多年的工作经历给了他们丰富的知识和经验，这一点令新生代望尘莫及。企业如果能留用婴儿潮一代，为他们提供技能提升与技能重塑的机会，让他们在宽松的环境中感受到欣赏和重视，必将使企业自身受益良多。毕竟，婴儿潮一代不仅肩负着传递经验和知识的责任，还应带领新生代走上管理岗位。

在写作本书前不久，我和斯蒂芬・特乔亚（Stephen Tjoa）进行过一次交谈。他是婴儿潮一代，现任新加坡毕马威办事处合伙人。他分享了他刚步入社会时的经历，谈论了婴儿潮一代在当今多世代职场上面临的挑战和机遇。

“我们这些婴儿潮一代的尾巴和 X 世代都饱经沧桑。我们过去的生活很简单，但巨大的技术进步很快改变了我们的行事方法。我们经历了各种周期和至少 6 次危机时刻，学会了快速适应、改变、保持坚韧。我们在学习历史和制度方面的经验是无价之宝。我们的许多经历将很好地帮助我们判断一件事情能否成功。我们花费了大量时间进行私人交往，我们的人际关系技能优于年轻人。建立私人关系是一项基本技能，尤其是在疫情危机之下，大量的人际沟通工作都是在网上完成的，”他说，“老一代人受到的教育是通过演讲和写作有效地表达自己的想法，建立良好的人际关系。但在今天看来，这种技能已经成为一门失传的艺术，如果我们想催生变革，就必须重拾这门艺术。”

风水轮流转。千禧一代不再是职场中最年轻的一代人，他们时常怀疑自己能否管理好如潮水般涌来的 Z 世代。另外，现在的千禧一代像曾经的 X 世代一样夹在两代人之间，正在经历中间儿综合征（Middle Child Syndrome），他们努力地表现自我，不得不在各代间斡旋以达成共识，还要扮演好“师”和“生”这两种角色。

“我们这代是‘夹心层’，必须快速学习婴儿潮一代和 X 世代身上的优点，既要有耐心，还要尊重他们。同时，人们期待我们给 Z 世代传授知识，让他们利用自己的技能和思维为企业做出贡献，这样他们就能感受到快乐，并在等级制企业中创造价值。”一位来自美国的千禧一代如是说。

理解代际多样性对于家族企业来说尤为关键。第一代企业主和继承人之间存在思维差异，父母担心子女没有做好接任的准备，子女因无法创新经营而感到沮丧，这些经常导致家庭纠纷和继承问题。我将在第 10 章中探讨家族企业应如何应对这些挑战。

“年轻人想推动变革，开拓新的道路，发挥重要影响，而老一辈想因循守旧。”

来自缅甸的 Z 世代

“年轻人似乎认为我们反对他们改变世界的想法，其实相反，我们认为他们的目标很好，方向正确。但他们缺乏达成目标所需的自律、耐心、专注力和严谨态度。他们似乎没有接受过足够的分析心理训练，无法做到真正的专注，而且过度依赖二手资源获取信息。”

来自英国的婴儿潮一代

REFRAMING GENERATIONAL STEREOTYPES

第二部分

重塑代际刻板印象

每代人都幻想自己比上一代人更聪明，比下一代人更明智。

乔治·奥威尔

导读　代际多样性不容忽视

虽然多数企业明白接受代际多样性很重要，但代际差异依然导致了员工之间产生矛盾、员工敬业度低和企业创新停滞等问题。《职场中的 XYZ 世代》显示，仅有 59% 的婴儿潮一代、66% 的 X 世代、43% 的千禧一代和 40% 的 Z 世代认为四代人共事有助于提高职场效率，2/3 的受访者觉得与非同龄人共事很困难。

造成这种现象的主要根源是思维、层级、技术水平以及沟通方式的不同，这引发了一系列深层次的矛盾，不仅阻碍了企业留用人才，而且导致企业无法利用每代人的独特优势提高员工的职场幸福感和工作效率。企业必须更加开放，增强创新和适应能力，否则未来人力资本的代际多样性将会给企业带来更大的挑战。

REFRAMING GENERATIONAL STEREOTYPES

第 5 章

职场代际冲突产生的原因

每代人的生活环境都会影响他们的信息处理方式、价值观、应对机制、育儿方式、期待与忧惧等。

The context of each generation shapes its way of processing information, its values, its coping mechonisms, its parental style, its hopes and fears, and more.

多年来，我通过帮助企业了解人才流失的主要原因明晰了一件事：员工离职的最主要原因是职业晋升机会有限或产生了代际冲突。**沟通不畅和预期矛盾是导致代际冲突的一个原因。**在婴儿潮一代进入职场的年代，很多人终生从事同一份工作，在同一家企业内逐级升迁。他们工作的动力是实现企业的远景目标，他们判定一个人是否功成名就的依据是其薪资水平和职级晋升情况。

老一辈被困在朝九晚五的工作中，用加班来证明对公司的忠诚，把旅游等可以充实个人生活的体验推迟到退休之后。X 世代遵循的也是这种工作模式，唯一的不同点是他们不会常年待在同一家公司。如果有更好的工作机会，他们会跳槽以寻求职业发展，他们渴望获得职位头衔，与知名品牌合作，为自己谋求名誉。千禧一代和 Z 世代的职业态度与前辈不同，随着技术的进步，他们对灵活的工作方式习以为常，用自己的方式实现工作和生活的平衡，充实人生。他们不追求名誉，重视目标感，希望在企业中完成比个人目标更加宏伟的使命。

代际讨论：职场代际冲突产生的原因

“各代人的职业道德、工作态度、职业前景、参照点、动机和基本情绪水平迥然不同，他们对权威、时效性和消费的态度也大相径庭。这些差异与生俱来、根深蒂固，每一代领导者往往都会发现代际差异是一个无解的问题。不必要的摩擦浪费了很多宝贵的资源。”

“问题出在沟通上：职场效率降低的原因就是我们还不知道如何与其他世代的同事沟通，从而充分发挥出我们各自的优势。如果我们能找到方法，同时雇主能给予我们支持，就会有很大的改善空间。现在存在很多模糊之处和冲突，使本该通力合作的同事产生了隔阂，导致彼此信任缺失。各代人必须学会协作和换位思考，才能避免发生更多的冲突。”

“我们经常面临着经验和冒险的对决。价值观的冲突导致新观点难以转化为实践，特别是年长者掌握着更多制度性权力，他们可以压制创新。在背景、经历各不相同的群体中形成共识并创建统一的文化愈加困难。资历差异和代际差异共同加剧了代际鸿沟问题，削弱了凝聚力。保守的心态和多样的观点导致人们难以完全接纳文化变迁。”

“老古董”和“新兴人类”的思想存在巨大差异。老一辈故步自封，不愿改变。我们想快速进步却无能为力，因为老一辈低估了我们的发展速度，不重视我们的想法。这令双方都很懊恼，婴儿潮一代和X世代认为我们没有耐心、幼稚、不尊重他们的经验；我们认为他们保守、顽固、不懂得欣赏我们的活力和对推动变革的渴望。

对于婴儿潮一代和X世代来说，升职加薪是努力工作应得的回报。你工作，就有收入；你有领导能力，忠诚于企业，就能晋升。相反，千禧一代和Z世代对基于权力等级和声望等级的企业文化充满了不信任感。他们更像是有偿志愿者，喜欢在富有支持性和创造性的环境中工作和追求个人爱好，但他们比任何一代前辈都想获得更多的个人认可。反馈是代际互动中的头等大事，但老一辈只有在犯错或表现特别优秀时才会得到反馈，因此他们也不会向年轻人重复确认一件事。

千禧一代和Z世代从小就能随时上网，不受地点限制地做任何事，他们对于老一辈习惯的工作环境感到压抑。此外，随着数字技能的重要性进一步提升，年轻员工在技术应用方面比老员工更有优势，老员工在技术赋能型讨论中缺乏参与感。有些企业对这个问题矫枉过正，禁止员工在工作时间使用社交媒体，年轻人因此而苦恼，感觉自己丧失了话语权。代际矛盾产生的另一个原因是年轻人不愿意承认权威和管理体系，他们总是为了达到自己的目的而置管理体系于不顾，这让中高层管理者时常感到自己不受尊重。

新老两代人感到失望的一大原因是千禧一代和 Z 世代渴望探索新的思维方式、工作方式和解决问题方式，而婴儿潮一代和 X 世代则更排斥变革，常常过于依赖过往的经历。“现在职场上最大冲突的根源是：老一辈有既定的做事方式，不愿意尝试新事物，而年轻人想马上改变旧的行事方法，却不具备探索未知领域所需的知识、经验和成熟度。”一位来自中国香港的 X 世代认为。

新老两代人之间的猜疑就这样日积月累。婴儿潮一代和 X 世代为公司鞠躬尽瘁，他们奋斗多年，即将升至行政管理者职位或者享受退休待遇。但与此同时，新生代涌入企业。老员工认为新生代员工不尊重他们所付出的忍耐和辛劳，只想快速升职，与高层管理者直接对话。千禧一代和 Z 世代认为前辈不愿意倾听他们的想法、认可他们的出色业绩，他们同样感觉自己不受尊重。这一切的结果是带来了畸形的职场环境，每代员工都很失望，感觉无处倾诉、怀才不遇。

他们为何会产生这些错误的想法？因为新老两代人用刻板的观念看待彼此。在不同的国家和文化中上演着同样的剧情。资深培训教练罗宾·E. 威尔逊（Robyn E. Wilson）博士称之为“确认偏差”（confirmation bias），即人们倾向于关注支持其观点的证据，“如果一位年轻老板正在为老员工在某项目中的表现而犯愁，那么他会告诉自己：‘他们都快要退休了，所以不愿意改变自己。’这使他自动屏蔽了其他观点，不会为了理解他人而倾听。职场弥漫着失落情绪，年轻老板也许永远不会知道，老员工其实也能灵活应变！”

> 老一辈不理解也不尊重日新月异的世界。他们中绝大多数人拒绝与我们和平共处。许多前辈行为幼稚、爱发脾气、倚老卖老，他们有意或无意地在 Z 世代面前表现得居高临下、盛气凌人。我希望他们知道，我们认可前辈。我们不愿闷闷不乐、消极度日，但这不代表我们什么都不在乎。老一代认为我们是冷漠的“草莓一代”，是娇气的“温室花朵”，过于精致和脆弱。在他们眼里我们不能承受痛苦和艰辛，但他们应该理解每代人有不同的痛点。就因为我们没有经历过第一次世界大战和第二次世界大战，他们就认为我们不懂得“真正的苦难”。我们总能听到老一辈说“现在的孩子”之类的话。我们并不是软弱无能的。
>
> 
>
> **丽奈特・林淑惠**
> 来自新加坡的 Z 世代

婴儿潮一代 vs 千禧一代

近期，一位 60 多岁的大学毕业生反省后得出结论：我们也有和年轻人一样的渴望，但就是觉得不能提出要求。事实是，年轻员工的需求和其他人相差无几，但只有年轻员工在极力争取。

代际指责在婴儿潮一代和千禧一代之间最为普遍。这两代人在领导能力、办公室规范和工作生活平衡三方面的不同观念会引发矛盾，产生沟通障碍，影响经验知识的传播。53% 的千禧一代认为与婴儿潮一代沟通和合作是最困难的事。“当我们与他们意见相左时，很难讨论问题：他们控制欲太强，总认为自己无所不知，但往往是他们不了解现状，不愿意适应新形势。”一位来自澳大利亚的千禧一代说。同样，37% 的婴儿潮一代也认为与千禧一代沟通和合作并非易事。“他们对自己应得的回报抱有不切实际的期待，有很强的权利意识。他们更关心企业能为他们做些什么，而不是他们能为企业做些什么。”一位来自美国的婴儿潮一代说道。

这个现象令我感到意外，原因如下。

首先，婴儿潮一代普遍是千禧一代的父母。尽管他们在职场上是“敌我”关系，但作为父母的婴儿潮一代教育千禧一代要追随梦想，要求他人尊重自己，在能够释放个人潜力的企业工作。每次谈到这一点，我就会想起 2006 年美国电影《当幸福来敲门》(*The Pursuit of Happiness*) 中的美好场景——威尔·史密斯（Will Smith）扮演的克里斯·加德纳（Chris Gardner）告诉儿子：“嘿，别听别人说你成不了才，即使是我说也不行。知道吗？如果你有梦想，就要去捍卫它！那些一事无成的人因为自己做不到才说你也成不了大器。如果你有梦想的话，就要去努力实现！就是这样。”但是当千禧一代以这种心态投入工作时，却被指责“幼稚、享受特权、不切实际、娇生惯养”，甚至“不负责任”。

其次，婴儿潮一代和千禧一代有很多共同点。千禧一代并非唯一的职场革命拥护者，婴儿潮一代才是真正的发起者。他们一同反抗传统一代“保持安静，行为端正”的人生态度，决定改变现状。婴儿潮一代是最初的“自我一代”，总被贴上“自恋狂”的标签，因为他们渴望自我实现，他们是经济繁荣的产物和受益者。在追求自我实现的道路上，婴儿潮一代变成了社会活动家、反主流文化者、政治理想主义者。从性别革命、女权主义、反战运动，到民权运动，婴儿潮一代或接受或引领社会变革，开创了一个自由的时代。千禧一代也并非环保意识觉醒的第一代人，婴儿潮一代在 1970 年第一次庆祝世界地球日，成千上万的婴儿潮一代纷纷志愿加入美国总统约翰・F. 肯尼迪于 20 世纪 60 年代建立的和平队。

在职场中，婴儿潮一代想让别人听到自己的声音，想摆脱老一辈的“控制与命令”式管理风格，但在那个年代，他们为了达到目标只能按规则行事。他们看起来是事业狂，但实际上是理想主义者，他们登上职业巅峰的目的是推动变革。认真思考下，你就会发现婴儿潮一代埋头苦干，争取多项变革，而千禧一代借助独特的全球化背景和人数优势实现了这些变革。变革本身没有变化，却成了两代人之间矛盾的焦点。

20 世纪初叶，争取妇女选举权的团体成员虽然从没投出过一张选票，但她们在几十年间不懈地争取女性选举权，你认为她们会憎恨拥有投票权的现代女性吗？她们会基于现代女性的社会地位和欲求判定现代女性享受特权吗？还是会庆祝数代女性共同取得的成果呢？我们永远无法得知这个问题的答案，但我清楚：婴儿潮一代开辟道路，千禧一代向前推进，这两代人共同为 Z 世代铺就了实现更多变革的道路。这些变革将惠及每一代人。

> 我是婴儿潮一代、四个孩子的父亲，担任经理和招聘专家，与千禧一代打过多次交道。现在的年轻人与当年的我们一定有着不同的世界观。婴儿潮一代上大学，结婚，20 多岁生孩子，从事比较传统的职业，努力工作，因为这就是社会对他们的预期，大部分人都没有提出质疑。今天，年轻的职场人很可能推迟结婚，30 多岁生孩子，或者压根不结婚。年轻人现在会花费更多的时间思考自己想要的生活方式和工作地点，他们创业的可能性大大提高。总体而言，我认为这是好事，挑战现状有益于社会发展，花些时间去思考应该如何生活也是值得的。但有时候，年轻人犹豫不决，耗费太多时间考虑自己的处境。当然，互联网使他们能获取到比以往更多的信息。最后，我认为两代人的最大差异是婴儿潮一代更墨守成规，千禧一代则不被传统或社会规范所束缚，较少关注财富和传统的“物质”积累。但两代人似乎都注重生活质量、家庭、环境责任和社会责任。
>
> 
>
> **肯特·基尔希（Kent Kirch）**
> 来自美国的婴儿潮一代

我是千禧一代，每天都和老一辈共事、交流。我认为婴儿潮一代极具价值，他们能提供丰富的经验，他们中最优秀的领导者找到了将经验与社会发展相结合的方法。但有些想法的确已经过时，例如，鉴于在新生代的成长过程中技术是一种必需品而非奢侈品，因此反技术、不接受办公技术不再是一件光荣的事情。人们抵制新的观念和行事方法，当这些观念和做法会改变现状时更是如此，我们这代人在生活中就普遍遭遇了这个问题。老一辈认为我们这代人不成熟，认为只有通过某些方式才能获得职业成功或个人成功，比如只攻读特定的学位，只选择某些“有价值”的职业。我希望他们明白，我们这代人并不比他们更敏感，不要再称我们为“草莓一代”或者“雪花一代”。千禧一代正在共同努力，探讨曾经的禁忌话题，如心理健康和性，目的正是更好地解决这些问题，而不是沉溺在自怜当中。

阿格里姆·辛格

来自印度的千禧一代

老一辈看到新生代“轻松地”获得各种成果，势必会心生不平。“婴儿潮一代在 20 世纪 60 年代挑战着上一代人的忍耐极限和社会多样性，现在，新生代也要求婴儿潮一代突破忍耐极限，接受年轻人及其关于职场规范的新观念。”但是，千禧一代也得承认婴儿潮一代在过去半个世纪贡献的力量和取得的成绩，认可他们为新生代享受权益奠定了重要基础。“年轻人不明白，正是因为婴儿潮一代努力挑战现状，他们才能在今天占据有利地位，拥有各种权利和机会。他们似乎不了解 20 世纪 60 年代是人权和职场权益的革命性变革时代，因此对我们的辛勤劳动毫无敬意。”一位来自美国的婴儿潮一代如是说。

> 老一辈认为我们不在意人生的重大问题和生活的标准流程（成长、学习、结婚、求职、工作、退休、死亡）。我认为他们跟不上时代的变化，不了解新的社会规范。兴起的技术、海量的信息和新的思想改变了世界，人们开始掌握不同领域的多学科知识，更加支持创业文化，从事自由职业（开通视频社交平台账号或成为网络红人），通过参加线上课程、技能分享、培训活动和研讨会进行学习。我希望婴儿潮一代和 X 世代能理解，人生不是走过场，人不应该循环往复地生活。冒险和寻求体验比拥有一份稳定而长久的工作、安顿家庭并生个孩子更加重要。我们有更好的终身学习法，喜欢不断在生活中寻找刺激，渴望实现自我持续发展，他们应该更宽容地接纳我们的这些想法。
>
> 
>
> **丹尼尔·傅俊伟**
> 来自新加坡的 Z 世代

对各世代的刻板印象

所有网民一定都看到过消极攻击千禧一代和婴儿潮一代的热搜新闻。“能接受建设性批评的千禧一代？那可不多见。”“他们溺爱下一代，说下一代有权享受溺爱。”“你是婴儿潮一代？快说说我们这代人有多么糟糕。”“老一辈说天下没有免费的午餐，却想把他们的经验作为给我们的酬劳。”

2019 年，“好吧，老人”（Ok Boomer）成了一句爆红的俚语，年轻人用这句话来表达他们对婴儿潮一代和大部分老年人落伍且保守的观点嗤之以鼻的态度。婴儿潮一代的反驳方式是指责年轻人对老年人有先入为主的成见，没有花时间去了解他们就妄下结论。“我认为‘好吧，老人’的含义就是‘我不同意，也不想考虑其他人的观点’。”一位来自美国的婴儿潮一代认为。

同年，《纽约时报》发表的一篇文章称“‘好吧，老人’这一俚语的出现标志着友好代际关系的结束”。而我认为这是一次难得的机会，我们终于能把过去忌讳的问题摆到桌面上，各自后退一步，用全新的眼光看待彼此，这样我们就能设身处地地理解并重建、重塑某些阻碍两代人建立真正感情的行为、观念和偏见。

问题不在于两代人的特点、期待和信仰体系不同，而在于对这些特质的污名化。在我们眼中，有些分类并不公正，可我们没有否认，而是默认它们或许是正确和合理的。但是，请不要用消极的方式定义我们！我们可以不再把每代人的突出特点视为不和谐因素，而是让它们实现互补。要想做到这一点，我们需要不加评判地诚实面对自己，以及我们对非同龄人的真实感受。我们需要直言不讳地探讨所有的刻板印象，问问自己它们究竟是否只是刻板印象。这么多网络迷因是无稽之谈吗？还是它们其实代表了不同世代对于刻板印象的常见态度和总体看法？

> 解决代际差异的一个途径是唤醒自我意识，激发自己的强烈好奇心。首先要真正地理解我们自己，包括我们的经历、偏见和观察社会的视角。其次要对他人的视角和经历保有好奇心。然后把这些思考与仆人式领导理论整合为一个观念：管理者负责为团队服务，团队负责应对挑战。
>
> **来自挪威的千禧一代**

为帮助企业弥合代际鸿沟，我多次组织研讨会并在会上进行一项匿名调查，以了解与会者眼中的每代人（包括同代人）作为合作者具有哪些最难相处的特点。我向大家公开了所有的回答，并把这些特征与“刻板印象”相对应。此时，与会者发现他们所列出的每个特征都与“刻板印象”相吻合。

将回答公开的这一步很重要，原因如下：首先，抱有怀疑和戒心的人可以看到调查结果来自真人真事，这样就打消了他们的疑虑；其次，一旦将人们与不同世代相处时面临的挑战公之于众，与会者就终于能够卸下防备，一同轻松地敞开心扉，接纳新的观点。

现在，我们来试试看。请写下在你眼中，这四代人作为合作者具有哪三个最难相处的特点。

代际印象：我眼中每代人最难相处的特点

婴儿潮一代

X 世代

千禧一代

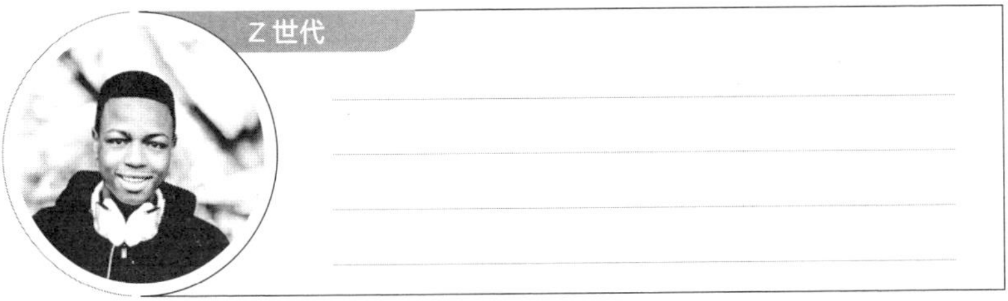

现在请参考图 5-1，看看你有哪些答案与普遍共识一致或基本一致。

图 5-1　每代人最难相处的特点

接下来，根据你与这四代人共事的经历，写下每代人的三大优势。

代际印象：我眼中每代人的最大优势

婴儿潮一代

X 世代

千禧一代

Z 世代

现在请参考图 5-2，看看你有哪些答案与普遍共识一致或基本一致。

图 5-2　每代人的最大优势

一定有不少读者不喜欢上述练习，他们一定会同意以下引文中的观点。

> “哪代人最难相处？”这个问题基于一个假设：一个人所属的世代决定了其沟通和协作方式。我认为年龄无关紧要。重要的是思考和交流方式。我见过有些 70 岁的老人比 25 岁、30 岁的勒德分子[①]更加开明，更有协作精神。年龄只是数字而已。
>
> **来自澳大利亚的婴儿潮一代**

但刻板印象有重要意义，因为它们代表了不同人群的典型行为方式。这并不意味着刻板印象适用于所有人，或者每个人都完全符合某一种刻板印象，而是指在统计学上，一般同组的个体会表现出特定的相似性。刻板印象无处不在。在广告行业，我们利用消费者行为模型精准传递信息；在数字产品管理中，我们基于用户原型设计目标用户旅程图；在社会学中，我们划分社会群体进行政策传播。所有这些行为都可以被称为“刻板化”。

每个人都倾向于与某一特定“群体”产生认同感，这种认同感

① 指 19 世纪英国工业革命时期，因为机器代替了人力而失业的技术工人。现在引申为反机械化、反自动化的人。——编者注

来源于我们所陪伴的人、使用的非正式用语、穿着方式、关注的媒体频道以及消费的内容类型等。我们曾经和同代人共同目睹和经历过的事件必然会在一定程度上影响我们的这些偏好和行为。**从某种意义上说，不同的世代就有不同的亚文化，亚文化自然会分化为亚文化分支。否认代际鸿沟的存在就如同否认环境的重要性，因为每代人的生活环境都会影响他们的信息处理方式、价值观、应对机制、育儿方式、期待与忧惧等等。**

的确，我们在许多方面既相似又不同。但是一般而言，某些人之间有更多的共性，世代就是一种人群分类的方法。

因此，我们不应采取过度防御的姿态，而要公开承认刻板印象的存在，这会使新老两代人受益。我也许把问题过于简单化了，但我想试着用我的一次亲身经历来阐述我的观点。我出生于意大利，尽管在美国和亚洲度过了半生，但我依然认为自己是地道的意大利人。因此，我的许多性格特点与人们对意大利人的刻板印象非常契合。我既聒噪又固执，在交谈中会使用大量的手势，在讨论我感兴趣的话题或试图捍卫立场时容易激动，有时候人们可能认为我的反应“过分夸张”或“太过情绪化”。虽然我并不喜欢穿着速比涛牌（澳大利亚运动品牌）泳裤的意大利男性形象，他们操着一口蹩脚的英语，或在贡多拉上演奏曼陀铃，或吃着肉丸意大利面，但我必须承认，更广义的刻板印象离我们并不遥远。而且，在某些情况下刻板印象是我的一项优势。比如，在我与来自保加利亚的丈夫和非本国的朋友相处时，刻板印象能帮我们缓和潜在的冲突，增进互相理解。他们会将我的特定行为归于某种文化影响，因此，如果我在表达观点时过于激动，他们不会较真或放在心上，他们也知道挥舞双手不代表我好斗。这让我有种被接纳和理解的感觉，能够安心地做自己，因为他们不会立即以恶意揣测我，而会理解我的文化教养决定了我对事情的反应。同时，刻板印象让我了解了外国人如何看待某些意大利人眼中的合理行为，让我明白了“收敛”个人行为也是一种选择，我应当采用更加理智的方式表达异议。所以，虽然特定的成长方式永远不应该成为一个人对他人无情或无礼的理由，但如果人们知道你的行为只是文化背景使然，并非代表你对他们有意见，那么你就更有可能获得一块“免死金牌”。

简而言之，如果各代人能多思考对方如何看待自己，卸下防备，他们就会变得更加宽容、有同理心、不偏不倚，他们在互相交流时也会更有自知之明、更周到、更理智。

代际印象：职场代际冲突产生的原因

婴儿潮一代

婴儿潮一代逃避自己不适应的观念，他们崇拜权力，喜欢吹嘘过时的经历，他们傲慢，死板，缺乏变革性思维，拒绝学习和成长。

X 世代

X 世代受到私利的驱动，对工作不忠诚，他们争强好胜，奉行个人主义，愤世嫉俗，没有团队精神。他们适应变化的能力较差，有很多先入为主的观念，积习难改。

千禧一代

千禧一代认为婴儿潮一代让世界深陷混乱，因此对他们不屑一顾。千禧一代向往仁慈且兼容并包的完美社会，但不清楚如何支撑社会运行。他们焦虑，心烦意乱，拒绝接受老一辈的经验。谷歌在他们眼中近乎是神。

Z 世代

Z 世代想不劳而获，他们没有耐心，缺乏等级观念，流于表面，只想干令他们开心的工作。他们不懂得如何尊重他人、与人交流，他们唯我独尊，不愿意接受别人的观点。

REFRAMING GENERATIONAL STEREOTYPES

第 6 章

正确认识不同世代

每代人都在悄无声息地
应对一场秘密战斗。

Every generation is
silently facing a secret battle.

不同世代的职场观不同

请看一则 20 世纪的招聘广告（见图 6-1）。

招聘须知

此工作岗位旅途危险，工资低，面临严寒和数月的漆黑环境，险情不断，不能保证安全返回，如果能成功将获得奖励和荣誉。

图 6-1　20 世纪刊登在报纸上的一则招聘广告

尽管有些历史学家对图中广告的合法性提出了质疑，但我认为这对于很多当代人来说是一个反观现实的良机。

广告中的内容反映了 20 世纪大部分时间里人们的工作状况。没有充斥在当今社会中的诱人的雇主品牌信息，没有雇主对我们的承诺：事业会蒸蒸日上，可以实现人生目标，收获职业成长，可以得到管理者的激励和支持，可以在任何地点办公，发展个人兴趣，陪伴子女成长。在今天，似乎不可能会有人去应征上面这份广告中的工作。但无论这则广告是否属实，曾经确实存在大量类似的工作，人们也确实会为了得到这样的工作而排队应征。

想一想乘船来到美国寻求美好未来的数百万移民，想一想亚洲人和欧洲人在经济大萧条和第一次世界大战后面临的苦难。对于需要养活一大家子人（有些家庭可能有十几个孩子）的男人来说，这样一份工作虽然可能让他们在煤矿和工厂中丧命，却是他们唯一的机会，有了这份工作就可以保证家里有一两个孩子能上学，拥有更美好的明天。

纵观历史，工作对于世界上绝大多数人而言是必需品，直到今天依然如此。社会不指望人们喜欢自己的工作，不希望人们对工作挑三拣四，工作只是人们需要做的事情，拥有工作的人应该感到庆幸。婴儿潮一代和 X 世代从未想过，人们选择雇主的依据竟然可以是企业文化是否匹配员工个性，企业是否有餐厅、食品储藏室和免费食物，是否允许员工带宠物上班。

显然，在这里回顾 20 世纪初的情况有些不合情理，但我们可以看看现在职场上的四代员工刚工作时的情形（见图 6-2），并思考婴儿潮一代时期到 Z 世代时期的职场演化过程，这对于了解某一代人最常见的行为、态度和期待的根源是必要之举。

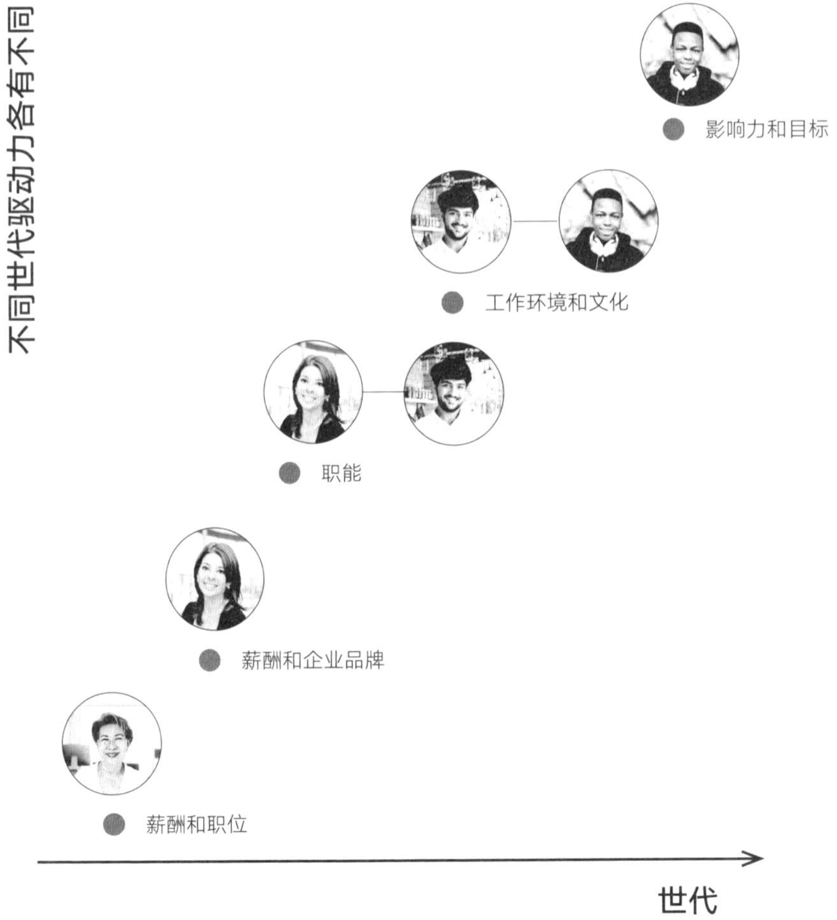

图 6-2　每代人选择工作的决策驱动力

注：横轴表示世代的变化，不同世代的决策驱动力在图上的位置只用于体现不同，而没有高低之分。

婴儿潮一代年轻时的一天

> 我们被自己的抱负冲昏了头脑：我们会成为摇滚歌星；我们会成为降临凡间的圣灵；我们会成为社会活动家；我们会成为百万富翁。不，更好的是我们会同时实现上述所有愿望。
>
> P.J. 奥罗克（P.J. O'Rourke）

我们谈论的婴儿潮一代一般是指出生于 1946 至 1964 年之间的人。如前文所述，世代的界定基础是大型事件的发生时间。美国的婴儿潮一代是第二次世界大战后工业复苏的产物，他们成长在社会空前繁荣的时代；在西欧和日本，工业基础设施损毁导致工业复苏延期 10 年；在印度，政府主导型经济体制对经济发展的影响一直持续到 20 世纪 90 年代。基于以上原因，在北美、欧洲和亚洲，婴儿潮一代以及随后的 X 世代出现的时间和条件截然不同。联结他们的纽带是对于“改变”社会、企业和“军事工业联合体”（美国前总统德怀特·D. 艾森豪威尔提出的概念）的渴望。

> 不同的领导风格体现了各国的民族文化，但婴儿潮一代的共同点是参与了 1968 年的学生运动，抗议社会不公、等级制度、保守型政府、殖民主义、言论和民权自由限制。我们对领导力的看法的确存在代际鸿沟，我们想在全球实现更多的自由和公正。我们不信任政治领袖，尽管他们留短发、穿西装、打领带，总是一本正经的样子在外表上与我们这些留长发、穿嬉皮士服装的婴儿潮

> 一代差异很大。我们之后的各代人之间并不存在如此之深的代际鸿沟。当然，这不代表所有的变化都符合我们的想象。
>
> 
>
> **鲍勃·奥布里（Bob Aubrey）**
> 来自美国的婴儿潮一代

谈到婴儿潮一代员工，我首先想到的就是他们年轻时看的美国情景喜剧《70 年代秀》（*That '70s Show*），它讲述了 6 个青少年朋友在 1976 年至 1979 年间的生活。其中一集给我留下深刻印象，主角埃里克决定在放学后找份工作赚钱。可以肯定的是，他的工作很枯燥，经理对他很冷漠，因此他去找父亲雷德·福尔曼（Red Foreman）诉说自己的不满。他的父亲是一位退休的工厂工人，也是一位老兵。这位父亲对儿子的态度很像我的祖父听到我抱怨毕业后第一份工作时的反应，毕竟他们同属于传统一代。雷德生气地告诉埃里克："工作就是工作。工作不是为了好玩，而是为了从老板那里领走一些破事，做完之后再领一些。"（如图 6-3）在另一个场景中，他还说过："如果工作不是这样的，我们就不会称之为工作，而是称之为'超级精彩的疯狂快乐时光'了！"我认为这是一个很好的总结：工作不应该令人愉快，它只是人们为了维持生存、实现经济独立、养家糊口、赚取财富和地位而不得不去做的事情。

图 6-3 “工作就是工作”

婴儿潮一代刚参加工作时，职场环境保守且平静，员工严格遵守行为规范。20 世纪 60 年代，办公室隔间兴起，一排排办公桌被隔断分成了隔间，员工在狭小的空间里工作。过去，人们认为这种类似工厂车间的空间设计能确保每个员工都能被管理者注意到，进而提高生产效率。普通员工坐在办公室靠里面的隔间，远离窗户；高级员工坐在靠窗的办公室里；管理者的高级办公室不仅面积大，而且有许多扇窗户，象征着威望和权力。“我们都希望有私人空间，有办公桌、电脑和保护隐私的隔断。过去，人们总觉得隔离是必要的，因为它会使办公室更整洁有序，有助于员工集中注意力。办公室就是办公室，家就是家，工作就是工作，私事就是私事。我在成长过程中一直认为，任何事情都需要精心安排，要有固定的起始时间，人应该努力加班来证明自己的价值和奉献精神。工作越多，你就越多产、越勤奋。”作为婴儿潮一代，普华永道新加坡分公司合伙人斯蒂芬认为，“工作与生活平衡就是个传说，灵活安排工作的人要么是懒惰，要么是没野心。发展、晋升和竞争是我们这代人常讨论的话题。我们遵守规则，尽可能地拿出最好的表现，努力地尽快升职。如果我们想进步，就必须周密安排，遵守纪律。归根到底，我们都在争取拥有全封闭的办公空间，在里面享受窗外的风景和私人秘书的陪伴。”

初级员工通常只能当听众，新来的员工一般不能发言，除非在很偶然的情况下，有人要求他们发表意见，或者他们对讨论有极为重要的补充。在某些国家，雇主通常可以“随意地”与员工建立或解除雇佣关系，每个员工都知道自己随时可能因为各种原因丢掉饭碗，因此，青年人才长期生活在对犯错的恐惧之中。

人们衡量管理者工作表现的依据是其发号施令和提高团队工作效率的能力。普通员工则被要求遵守规则，无条件地听从指令、尊重管理者，年轻员工尤其如此。做不到这几点的员工就是“不听话”的员工。斯蒂芬说：“我们这代人普遍尊重老年人和更有经验的人，在家和学校都是如此——‘遵照命令行事’。刚开始工作时，我不会主动参与任何可能引发分歧、矛盾或尴尬的公开讨论。我听从老板的一切指示。当然，我也偶有抵触情绪，但我总觉得这就是那个年代的常态，只要我还没当上管理者，我就必须接受它。”

管理者对员工业绩的期望值很高，员工要想进步，就得满足一套标准。尽管这套标准强调员工的持续学习能力，但主要考验的是员工的实际工作经验，尤其要测试员工应对各种情况的能力。以前，领导力发展项目还没有规范化，实现职业发展的最佳途径就是找一位能分享知识、提供直接反馈、帮员工把握重点的管理者。

过去，管理者几乎都是男性，亚洲和欧洲的“老同学关系网”做派与美国一样普遍。人们总有一种感觉：一个人只有融入职业和社交的“小圈子”，才更有可能在前进道路上“得到贵人相助”。

婴儿潮一代知道，要想得到高薪职位，就必须“埋头苦干”。入门级工作包含很多单调的内容：复印、做基础研究、订货、把手动工作转换为电子表格以提高工作效率。没人指望工作头几年就能接到有意义的、有趣的或有挑战性的任务。“我进入职场时，人们刚刚开始使用电子表格。”婴儿潮一代肯特·基尔希说，他曾担任德勤全球招聘总监。“我能在短时间内把预算和其他信息输入电子表格，并迅速统计关键数据，这提高了我的工作价值。过去，人们需要 3 天以上的时间才能处理完一份价值 1 亿美元的预算报告，我只用大约 4 个小时就能搞定。那时，办公室不懂计算机的领导，对此感到震惊。”

那时，人们非常重视任职时长，跳槽会影响一个人的职业前景。因此，许多婴儿潮一代在整个职业生涯中只做过两三份工作。他们的信条是尽自己最大的努力工作，决不让偶尔的挫折阻碍他们实现职业发展和野心。肯特说："我在整个职业生涯中每周工作 60 个小时以上。没人要求我这么做，但我想尽我所能，让别人知道我很优秀。很多婴儿潮一代和我一样，有些人甚至比我更努力，我们这代人一心扑在事业上。但我们也促进了性别平等和工作生活平衡，促使企业履行环境责任及社会责任。很多这类议题在 20 世纪 90 年代初在人们心中生根发芽。我认为，婴儿潮一代的另一项重大成就是推动了职场性别平等。"

最后，那时创业并不像现在这么受欢迎，想创业的人常会遭到劝阻。人们推崇阻力和风险最小的道路。婴儿潮一代考虑自己的教育问题时，总是优先选择能直接提高就业能力的课程。兴趣对他们来说是次要因素，只有在职业后期担任资深管理者时才有资格考虑兴趣。他们选择雇主的主要动力是薪酬、福利以及工作的稳定性。

X 世代年轻时的一天

X 世代夹在婴儿潮一代和千禧一代之间。在西方国家，1965 年至 1980 年出生的人被称为 X 世代；在亚洲，最晚一批 X 世代出生于 1985 年前后。他们反对婴儿潮一代的理想主义，在政治上不受意识形态左右。"有些人认为 X 世代不仅排斥 20 世纪 60 年代的理想主义，他们还有一种更深层次的'犬儒主义'倾向，即认为这样的'理想主义'注定将死于无端的天真，并会迅速地被一个明确以商业和工业发展为主的时代所取代，这个时代滋生了婴儿潮一代和后几代人所面临的许多问题。”来自美国的 X 世代比尔说，“许多婴儿潮一代妥协了。他们曾声称会改变世界，最终却败给了贪婪的人类本性。他们只想收获，却不愿建设和革新。他们认为研发是一种‘成本’。他们的世界里充斥着裙带关系、‘股东回报优先’、外包、垄断和价格欺骗。他们好奇为何年轻人不忠诚，却对自己的贪婪和伪善视而不见。”

X 世代中有谷歌、苹果、YouTube 等数字初创企业的最初创立者，他们是可以随意使用个人电脑的第一代人。我还记得 1984 年，我在学校机房的苹果 Macintosh 512K（苹果公司于 1984 年推出的电脑型号，内存为 512K）电脑上玩《神偷卡门》（*Where In Europe Is Carmen Sandiego*）游戏；1986 年，我在飞马（Pegasus）电脑上写日记；1995 年，我得意地随身携带着拥有 8 兆内存的苹果 Powerbook 5300 电脑；1996 年，我耐心地等待着调制解调器把电脑接入网络，这样我就能登录美国在线邮箱，它是当时最流行的门户网站和在线服务供应商，目前已变为雅虎邮箱。因此，X 世代虽然不是“数字原住民”，但他们对技术很熟悉。

20 世纪 80 年代末，最早一批 X 世代初入职场时，大部分国家和地区正深陷经济衰退中，通胀率飙升。高薪工作被视为一种奢侈品，因为人们认为工作“就是工作而已”，钱才是人工作的主要动力。20 世纪 90 年代，经济好转，“品牌”的概念成为人们关注的焦点。“我们的想法是一毕业就尽力拿到最高的薪酬和职位，我们几乎不考虑未来的职业发展、老板的领导能力以及与自己的适配度。品牌才是我们重点考虑的因素，有时候甚至排在薪酬和职位之前。我们渴望得到初级经理等职务，不一定要管理一个团队，但要承担其他责任，有亮相的机会。”X 世代韦罗妮克·奥吉尔（Veronique Augier）说，她是法裔印尼人。

雇主们认为，X 世代即使没有工作经验，也应当在求职时展示出必备的技能和端正的态度。X 世代从小就被教育要一直展现自信，不能有一丝懦弱。就连向老板请教如何完成职责都会令 X 世代感到难堪，因为老板通常认为员工可以自己搞定。因此，X 世代对职业培训的重视程度不如后几代人，他们认为如果一个人需要接受培训，那么基本可以说明他不具备工作所需的能力。他们对“接受教育”持消极态度的部分原因是正式培训很少，而且仅限于个别企业。在 X 世代所处年代的末期，毕业生计划开始出现，他们多数人还不了解“导师制与教练技术”的概念和优势。培训内容通常是接触管理者，并将其作为自己的榜样。简而言之，X 世代学到的知识和技能一般都来自他们的老板。“每天早上日常工作开始前，我的老板都会叫我和另外 3 名同事去他的办公室待 60 分钟。他有 40 年的行业经验，显然，他把大脑中储存的全部知识都传授给了我们。”比尔说。

雇主们期待 X 世代能迅速投入工作，因此企业并不重视与入职相关的事宜，员工也很少结伴。人力资源部门负责与行政、政策、流程和薪酬相关的工作。“我们看不到职业发展道路，成为领导者几乎是我们想都不敢想的事。我们认为自己应该做好准备，从底层做起，在实践中学习。我们的入职仪式极为精简。幸运的话，仪式会持续一天，但通常新入职员工只花半天时间在办公楼里转一圈，与团队成员见面，互相介绍自己，学习公司规定和办事流程。我自己遇到的情况是，我的前辈用积攒了5年的一大堆文件‘欢迎’我，而且没有与我交接工作。更糟糕的是，大家认为我的前辈出类拔萃，因此对我也寄予厚望，但我没有任何经验，也没有人指导我。一切由我自己安排，我只能脚踏实地地学习，吃了不少苦……但成长迅速！！”韦罗妮克继续说。

老板们是严厉的权威人士。“我毕业后遇到的第一个老板是一位年长的男性，极为守旧。他要求我们剃须，不能留胡子，连山羊胡都不行。我们得时刻穿西装打领带，不能穿商务便装。如果有人早上8点还没有坐到工位上，办公室的门就会被锁上，等到9点再开。我和老板属于截然不同的世代，我相信电脑，但他不相信。我们的办公室里没有电脑和互联网，只有电话、一本红色的道尔顿名录，以及我们用于搜寻工作和雇主的报纸分类广告。我是‘小孩’，他是‘老人’。当遇到困难时，他会做好力挽狂澜的准备。他是个好人，无所不知！在5年时间里，他通过一次次的重复教会了我一切。这个过程表面上枯燥乏味，却让我把最佳实践刻入了脑中。后来我也把这些知识传授给了别人。”比尔说，他的第一份工作是招聘人员。

老板们拥有更丰富的经验、更高的可信度和地位，他们想让年轻员工在与他们交谈时意识到这一点。韦罗妮克说，她在经理身边时总感觉不自在：“30 多岁的女上司给了我巨大的威胁，她很有事业心，把工作放在家庭之前。她隐瞒了自己第二胎怀孕 4 个多月的事情，‘抱怨’她的小孩几乎不认识她。她期望每个人都像她一样在办公室待到很晚。我接受的是彻头彻尾的微观管理，让我感觉自己是个不可靠的人。在工作几个星期之后，我被独自派往西班牙，经理要求我对差旅中的每一分钟负责，她确保我的日程表中填满了客户和合作者会议。我待在一个我从未去过的国家，听着我几乎不懂的外语，几乎无法休息，因为我的时间只够赶场赴约，而且我只能乘坐公共交通工具。每天晚上，上司都要求我打电话简要汇报我一天的工作情况。”

X 世代的日常工作职责是一遍遍地重复完成各种琐事。他们的工作压力很大，永远不知道投入能否获得回报或者被人注意到。每当 X 世代得到一项更有趣的任务时，他们就感觉老板在自己身上“赌了一把”，尤其是在他们没有从业经验或者任何业绩时。“我认为我的老板和年长的同事在利用我的经验不足。我当时很恐惧，因为仿佛是我附属于他们，我能取得成绩应该感激他们。”来自南非的 X 世代萨里娜·内尔（Sarina Nel）如是说。

X 世代的办公室环境与婴儿潮一代的十分相似，通常多数员工都在局促的开放空间里工作，只有高层管理者才拥有独立办公室。“作为年轻雇员，我们会使用前辈留下的办公桌，但更多时候是一张没人想要的办公桌。再来新人时，我们就有机会选第二差的工位了。我们还得自己带笔和其他文具。”萨里娜说。

企业既不鼓励也不允许员工在上班时间社交，尽管他们会在工作以外自然而然地建立联系。婴儿潮一代和千禧一代珍惜同事情谊，抱有“同心同行”的态度，而X世代则不得不面对同事带来的竞争。在残酷的职场环境中，员工为了获得管理者的偏袒或者晋升机会必须参与激烈的内部竞争。管理者经常鼓励并利用这一点，让员工互相比拼，促使他们更加努力地工作。

在我22岁时，有一位经验丰富的同事告诉我：当你表现优异时，会认为自己能获得回报，但老板经常会夺走你身上的光芒，用它去照亮另一个与你潜力相当的员工。“老板就像赛马场上的骑师一样，”我对他讲的话记忆犹新，“他们给马蒙上眼罩，比赛全程马看不到外界，就不会分心。排名第一的马逐渐把其他对手甩在后面并接近终点线时，它就会‘放松’，然后可能会放慢速度。为了让这匹马加速，骑师会先让它减速到刚好与第二名接近的位置，当第二名一出现在这匹马的视野范围内，骑师就会迅速摘掉马的眼罩，让它看到前进的对手。于是这匹马就会为了夺冠而冲刺，跑得更快。”

不难想象，这种现象导致X世代总是对其他同事有厌烦情绪。但讽刺的是，他们却不得不进行团队合作，也就是跟与自己抢饭碗的同事直接合作。“办公环境一般是开放式的，所有人都能听到你在打电话。他们会听你打电话时说的话和你的工作内容。有时，同事会就某个问题向你提供建议或信息，但有时候，他们是想‘偷走’你的订单或者新客户的‘骗子’。你总得小心。”比尔说。

这也是我在毕业时从我父亲那里学到的经验之一。“永远不要和任何同事做朋友！每个人都是你的竞争对手！永远不要对老板放松警惕！任何一次交谈都是一场面试，即使你们的交谈地点是非办公场所，对方的态度貌似很真诚。你说的与工作无关的话总会被人想起，然后伤害到你自己。记住，你只是一种资源、一个数字。说到底，这就是生意，当你不再有利用价值时，他们不会在乎所谓的‘友谊’，只会把你踢到一边。”父亲说。

那时，员工的行为准则就是遵守商务礼仪。X 世代要打扮得符合身份，扮演好自己的角色，履行职责。员工连最小的细节也不能放过，否则就可能丢了工作。他们在私生活中也必须坚持相同的职业标准。我在前文中提到过，在 2005 年左右，有很多 X 世代因为在聚友网上发表私人内容而被解雇。“我在取得了一些工作成绩后开始变得有点‘难管’，我在外面待到很晚，上班迟到，有时手上还带着前一晚印上的图案。老板会关注我的状态，而且如果他发现我明显有退步，就会直接警告我，让我要么努力要么走人。他带我重回‘正轨’，让我不要自暴自弃。身处职场环境的我总是得表现得很友善！每一天，我都担心自己会丢掉工作。”比尔说。

婴儿潮一代作为 X 世代的父母，期望子女终身只服务一家公司。虽然很多 X 世代受到了这种观念的影响，但他们中大部分人最终还是选择了叛逆、离家，去追求名誉、高薪或者更好的晋升机会。他们通常在毕业十年后才能获得提拔，在这之前，他们必须听从管理者的指令，努力工作，安分守己，争取得到青睐。

这一切造就了极为坚韧、自立和独立的 X 世代。他们崇尚个人主义，有明确的目标，一般不爱出风头。在工作中，他们接受风险，迎接挑战，擅长解决问题。他们敢于质疑权威，虽然不信任企业，却对人忠诚。在职业培训方面，他们更愿意接受企业外的导师指导，而不愿参加企业内部培训。

千禧一代和职场革命

千禧一代出生于 1981 年至 1995 年。他们最开始的梦想是从事高薪的银行工作和咨询工作。许多人学习商科，而那些学习信息技术与科学、技术、工程和数学学科的千禧一代则被认为是“局外人”，不可能干出名堂。随后发生了 2008 年金融危机，年纪稍大的千禧一代开始面临“毕业即失业”的问题，许多人的解决方法是继续深造，而年轻的千禧一代则调整了自己的职业计划和预期。软件工程是从 2008 年金融危机中首先复苏的行业，资金从公开市场转向私募市场，掀起了风险投资热潮。政府把资金投入创业和创新中，许多千禧一代将这些经费和项目作为安全网加以利用。因此，千禧一代大都受过高等教育，很多人攻读了不止一个硕士学位；他们严重依赖数字化产品，并且从这个领域的发展中获得了安全感；他们联系紧密，需要依赖彼此来发现和争取工作机会；他们极富进取精神，不信任大企业，因为他们感觉自己的忠诚没有得到回应；他们开始习惯打多份工以获得独立，虽然他们举止自信，但时常感觉需要向他人证明自己。

我在第 2 章已经讨论过千禧一代如何改变职场，所以不再赘述，这里我讲一个故事。

2006 年，第一批千禧一代进入职场时，我正在担任一家顶尖投资银行的雇主品牌项目负责人。当时，这家投资银行刚刚兼并一所商业银行。投资银行的领导者担心兼并会“削弱”其品牌在潜在人才心目中的形象，降低品牌的名气和竞争力。为了更好地了解兼并对于企业品牌的影响，他们决定在美国的顶尖大学组建一系列焦点小组。

我在波士顿参加第一个焦点小组时，一名来自麻省理工学院金融专业的大二学生告诉我，兼并无关紧要，但他已下定决心不去投资银行工作。我问他原因是什么，毕竟拥有他这样背景的学生一般都会进入雷曼兄弟、摩根士丹利、瑞银集团、美林证券、摩根大通或高盛集团一类的企业。他说他已经接到了另一家银行的工作邀请，但他在参加完该银行的校园宣讲后打算拒绝该邀请。他说：“一开始，有一个无趣的人一直在讲话。那就是一场大型推销活动，我们没有时间提问、交际、获取真正的内部消息。更糟糕的是，你知道他们在活动结束后赠送给学生们什么吗？压力球！！！你能想象到吗？压力球！他们这样做是什么意思呢？银行家们完全没有想象力吗？还是他们想说明这份工作压力很大，我们得提前两年开始挤压力球？”

我无言以对。他在大学还未毕业时就收获了全球最知名银行之一的工作邀请，这是多数人的梦想。当时，我认为他因为一个压力球就拒绝这份工作是毫无道理的，尤其是当我回想起找第一份有偿工作时遇到的困难。我问他为什么如此看重赠品，他说，雇主与潜在的候选人交流时所做的每一件事都隐含着企业文化，如果他们在“试图向你推销一份工作”时都不能密切留意他们传递的信息，那么等你入职后，他们当然也不会关注你。围坐一桌的同龄人纷纷点头表示同意。

虽然这与我原本要研究的主题不同，但我在讨论中察觉到一个前所未有的问题，于是我问大家可以接受什么样的赠品。与会者开始讨论谷歌的智力题，他们认为，这些题目展现了企业对于学生才智的想象力和欣赏态度。我记了笔记，接着问大家银行还犯了哪些“错误”。另一位学生抓住机会说：“银行对校园面试有着装要求！我们是学生，我们背着包带着书走路上学。他们不能指望我们整天穿着西装上课，我们也无法回家换装。当然，他们知道让我们随身携带西装是不可能的。校园是我们的地盘，他们应该看看我们真实的模样，比如穿着网球鞋之类的。”大家都表示同意。

那天结束后，我安慰自己，一场讨论跑偏不会有太大影响，毕竟我还要组织其他 9 个焦点小组的讨论。天啊，我错了！从芝加哥大学到斯坦福大学，每所学校的学生都在传递着同样的信息：“我们向往的是关心我们并且接受我们真实情况的企业。”回到办公室后，我发愁如何把这些调查结果转达给客户。我知道这些结果很重要，但它们严重偏离了客户要求我研究的题目。

令我惊讶的是，我在会议上与客户分享了学生们的反馈后，一个高级别小组的组员们突然愣住了。一家银行的人力资源全球主管没有发笑或提问，而是说："我们订购赠品了吗？如果订了，立即取消！如果没有订，就暂缓订购！""告知学生们下个求职季的校园面试无须穿着西装。"一切发生得那么快，我简直不敢相信自己的耳朵。接下来两个小时，会议讨论的焦点是他们应当做出哪些改变才能更好地吸引千禧一代。到了下一个求职季，这家银行彻底地改变了校园招聘的方式，竞争对手企业也纷纷效仿，千禧一代就这样赢得了多场战役中的第一场。

我说这是第一场战役的原因是，变革的内容不局限于着装要求或宣讲会赠品。经济一开始复苏，千禧一代求职者就意识到，他们有权选择在哪里工作，雇主应当负责吸引人才。企业开始征求学生们对办公环境、培训和工作职责的意见。展示青年人才集万千宠爱于一身、被迎入职场的《生命中的一天》（*Day in the Life*）视频开始火爆全网。音乐电视频道的一项调查显示，在初入职场时，千禧一代中 76% 的人认为自己能为老板贡献很多聪明才智，66% 的人说他们应当创造属于自己的工作职位，90% 的人想让管理者倾听自己的意见和想法，33% 的人把管理者的赏识看得比高薪更重要，50% 的人宁愿失业也不做自己讨厌的工作。其他资料显示，80% 的人把工作环境看得比薪水更重要，81% 的人认为他们应当自己制订工作计划，90% 的人认为他们应该得到梦寐以求的工作。

真实性对于千禧一代来说是最重要的。“进入职场后，我期望自己只需表现真我，无须装模作样。从穿着打扮到会议发言，我要始终做到这一点。但如果我面对的是思想较为传统的同事，就不一定能得到预期的反馈。然而，谈话内容和工作能力往往比表面问题更重要。”在国际银行工作的印度千禧一代阿格里姆·辛格说。

婴儿潮一代和X世代不得不默默忍受并接受他们所处的工作环境，而千禧一代不同，他们按照自己的想法改变了工作环境。企业开始为餐饮室配备充足的免费食品，为员工提供健身房会员资格、休息区、按摩室、会所和酒吧。办公室隔间逐渐消失，取而代之的是开放式的布局。“我对办公室的布局并不苛求，只是厌恶隔间。我在豆袋椅上工作，基本能接受开放式的办公环境，因为我们可以在其中顺畅地交流和合作。在我理想的办公环境中，员工既可以集中精神工作，也可以开小差，还可以在必要时进行团队思考和合作。”阿格里姆说。

千禧一代是在成长过程中“完全互联”的第一代人，他们使用互联网这个工具来实现更大的愿望。现在，大部分人都拥有灵活的办公条件，也能将个人兴趣融入工作计划中，因此，千禧一代简单地把工作生活平衡看作一件理所当然的事情。“理想的安排是把灵活的工作时间和出勤制度与居家办公相结合，这样可以更有效地利用时间。我无法在早上 10 点到晚上 6 点的 8 小时工作时间里一直保持专心致志，但我擅长在短时间内快速完成大量工作，此时的我能够更加冷静和专注地在电脑前完成工作，尤其是创造性工作，即使需要在常规工作时间以外加班我也可以接受。”阿格里姆说。

X 世代做事小心翼翼，千禧一代则不同，作为 X 世代之后进入职场的群体，他们重视集体行动，“不让任何一个人掉队”，具体表现是他们想在工作中成为合作者，与同伴一起创造共享价值。他们拥护多样性，向往包容而开明的工作环境，希望每个人都可以忠于自我，无须恐惧，不受歧视。

虽然这些年来有很多文章都把千禧一代刻画成了爱跳槽、无法让企业倚赖的形象，但我却经常发现，他们在专注于自己信仰的目标、事业或产品时是非常坚定和忠诚的。尽管如此，如果他们无法持续得到管理者的认可、职业的发展或者有挑战性的任务，他们就会离职。

“我在第一家企业工作七年有余，这是我的第四个职位。我希望每两三年换一个更好的职位。当我无法为企业实现战略目标做出积极贡献，不能再快速掌握新知识时，我就会离开。”来自新加坡的千禧一代乔舒亚·加恩（Joshua Gan）说。

千禧一代的平均预计任期是两到三年。“我在一家企业的预计供职时间没有明确的固定长度，但我一定会考虑的关键因素是这个职位是否会‘过时’并逐渐丧失新鲜的体验。晋升的预期等待时间不能超过两年，因为我想看到一年的工作成绩转化为有形的结果。如果雇主与我的立场一致，我就会获得信心。”阿格里姆说。

千禧一代不想为工作而担忧。他们不太可能为了赚更多的钱去承担巨大的职业风险或者把生活搞得一团糟。相比薪酬和名誉，他们更在乎工作的稳定性、安全性、管理者的支持以及友好的工作环境。千禧一代相信自己可以通过工作改变世界，因此不会从事他们眼中的低级工作。树立目标在他们的日常工作中很重要。Facebook 的联合创始人兼首席执行官马克·扎克伯格说：“对我来说，要想妥善地利用时间，就要解决自己能力范围内最重要的问题。”千禧一代想通过做自己热爱的事情赚钱，为与自己价值观相同的企业效力，对企业的社会责任问题秉持道德立场。但是，正如前文所言，60% 的千禧一代感受不到自己与企业使命之间的联系。

与 X 世代不同的是，千禧一代擅长计划，厌恶不确定性。他们想在氛围轻松、架构明晰的职场中工作，希望企业能提供帮助他们实现目标的正规途径，让他们创造属于自己的职业道路。

他们期待与管理者在互相信任、尊重、认可和合作的基础上建立友好的支持关系。“我不喜欢过于高压或自上而下的管理和领导方式。作为员工，我希望受到重视，被人倾听，并且我尤其喜欢具有协作性和包容性的管理和领导风格，希望管理者不采取微观管理措施，为每个人提供脱颖而出的空间。”阿格里姆说。

对于婴儿潮一代和 X 世代而言，工作就是一种交易，“我工作，你付工资”，而千禧一代不断地寻求肯定和反馈，想获得被认可的感觉。“千禧一代成长在游戏化的虚拟和现实环境中。他们的一项基本需求是获得即时、持续的反馈，以确保他们自己处于正轨，受众、客户、老板积极参与其中，劳动不会白费。虽然有些人认为这种需求是不安全感的体现，但千禧一代将其视为对‘高效且从测试中学习’思维模式的运用。与其执行丧失意义的总体计划，不如通过寻求反馈来进行学习和调整。在乌卡时代（VUCA）[①]，这是生存唯一的方式。”有一次，在我向丈夫维克多抱怨千禧一代工作组对于反馈的需求时，身为千禧一代的他这样对我说。

帮助某个人做好担任管理者的准备意味着给他自主权，为他赋能，并进行适度安排。员工想要获得全权授权，但同时也期待管理者能在事情进展不顺利时提供帮助和保护。“帮助某个人做好担任管理者的准备就是要让他在正常职责范围之外充分发挥才智，考验他的能力。这势必需要员工参与其他项目，接触企业的方方面面，也要求企业派候选人去参加培训，让高层管理者担任其导师。获得这一切的前提是员工能完全掌控现有工作职责，并做出超越预期的成绩，有好奇心，奋发努力。”乔舒亚如是说。

最后，千禧一代认为工作的感受比头衔重要得多。“对我来说很

① 指不稳定（volatile）、不确定（uncertain）、复杂（comples）、模糊（ambiguous）的时代。——编者注

简单，我的目标不是成为公司的首席执行官或者创新主管。我最看重的是自己感受如何，能学习到多少知识，以及目前的职业轨迹能提供哪些选择。一旦我有被困住或者不快乐的感觉，就说明我与这份工作的‘浪漫故事’结束了。”维克多在与我讨论他的职业理想时多次这样说。

Z 世代和后疫情时代职场

Z 世代出生于 1996 年至 2010 年，是真正的数字原住民。他们可以轻松地使用互联网和智能手机访问社交媒体，浏览海量信息。在他们的成长过程中，世界也面临着前所未有的挑战，这塑造了他们的世界观和职业观。我喜欢称这代人为“实用理想主义者”，因为他们既务实，又讲道德。

Z 世代公开承认工作的主要目的是赚钱、升职和维持高质量的生活。但尽管薪酬、职位和职业发展很重要，他们也明白忽视环保和社会事业并非可行的方案。“如果认为某些人或者大企业总归能逃避某种形式的社会责任，那就太天真了。我相信投身社会事业对于维系社会、纠正前辈犯下的错误是绝对有必要的。今时今日，不问政治几乎是不可能的。个人的事情说到底就是政治问题。”来自澳大利亚的 Z 世代伊莎贝拉·威廉姆斯说。因此，他们忠于事业和原则，只会为与自己价值观相符的企业效力。这就是为何 Z 世代敢于向企业提问：“我为什么应当加入贵公司？你们的道德原则是什么？”

2018 年，我负责主持一项小组活动，组员都是 15 至 18 岁的学生。亚洲银行邀请他们谈论自己的职业理想和期待。他们面对的是来自业务部门、人力资源部门、学习与发展部门、公关部门和人才招聘部门的高管和行政管理人员，但这些学生似乎一点也不怯场。他们没有穿西装或者商务休闲装，而是穿着牛仔裤、T 恤和网球鞋，他们没有一丝伪装，个性鲜明。我站在那里听他们讲述自己的愿望：产生影响力，改变社会，修复前辈“破坏”过的世界。我感觉仿佛时光倒流，我正在与 16 岁的自己进行严肃的一对一谈话。当我在他们这个年纪，只想见朋友，想知道我迷恋的男生是否和我有同感，想努力学习取得好成绩。但这些孩子与我不同。在会议的某一刻，一位高层管理者问他们在什么情况下才会考虑去银行工作。一个十五六岁的女孩的反问令我永生难忘：“我一边上学，一边为创业公司出谋划策，帮助它们解决社会面临的最大挑战。如果我放弃学业，加入贵公司，我还能在相同的时间内产生至少同等程度的影响力吗？”房间里的每个人都沉默了。就是在那一刻，我决定写这本书。

“因为拥有坚定的信念，所以我们这代人从不偏航，我们对社会事业的信念越坚定，就越可能对未来雇主提出极高要求，因为我们想评估每一个小细节。如果我们发现企业有任何违背我们价值观的做法，就不会申请这份工作。”来自印度尼西亚的 Z 世代迈克尔说。

Z 世代向往的工作环境应当具备创新性和创造性，充满活力，能为个人专注工作和团队的开放式协作提供空间。他们希望能在办公室里进行社交，建立有意义的人际关系，在职业和为人方面都有所发展，共同推动变革。同时，企业也要确保他们的生理、心理、情绪健康，为他们提供大量的鼓励和支持，以及放满了健康零食和饮品的餐饮间。一定要给他们可以站起来自由走动的休闲空间。我听许多 Z 世代说过一个有趣的观点：他们渴望自然光。几乎每一个我采访过的 Z 世代都说想要一间有多扇窗户、少许人造光源的办公室。

在工作时间方面，疾病流行使 Z 世代更加渴望能在任何时间和地点工作。他们想要一份结果导向而非时间驱动的职业，这会使人们规划生活的方式发生巨大改变。我相信最终我们会看到许多 Z 世代搬离大城市，重新住进小城镇。毕竟，如果员工无须去办公室，就没有必要为了一份好工作而舍弃自然环境和住在家人身边的机会。

千禧一代想和主管建立类似于同辈之间的关系，而 Z 世代似乎可以接受与管理者保持合理的边界，但他们认为友善的关系有利于企业文化和业绩提升。“我愿意和老板一起出去吃午餐，不是‘为了吃而吃’，必须是因为他对我这个人真正感兴趣，想了解我的个人生活。如果我们能互相分享彼此的全部人生观，互相展示自己脆弱的一面，了解彼此的个性和好恶，那么我会在他的指导下更好地完成工作。”来自新加坡的 Z 世代丹尼尔·傅俊伟说。

48% 的 Z 世代认为他们作为职场中最年轻的一代人感到很紧张，72% 的 Z 世代对前辈感到恐惧，主要原因是前辈们期待 Z 世代对他们表示敬意，他们还炫耀自己的权力，态度严厉而冷漠，没有耐心。54% 的 Z 世代更希望千禧一代成为自己的管理者，他们认为千禧一代更了解他们的想法和需求。“重要的是你的老板要有同理心，对你真正感兴趣，不太严肃和严格。我希望被倾听，我们可以互相批评，而无须担心这会破坏我们的关系。”丹尼尔说。

《职场中的 XYZ 世代》显示，目前还在上学的 Z 世代中，有 72% 的受访者认为与非同龄人共事或者适应非同龄人的管理是件棘手的事，这主要是因为思维模式、等级制度以及沟通方式不同。“他们也许不理解，世界已经不是他们刚参加工作时的模样，他们可能不接受处理问题的新范式、新方法和新途径。我们年轻人想尝试用新方案去解决世界的问题，而前辈们却一直拒绝变革。”一位来自美国的 Z 世代说。Z 世代担心他们将被迫采用旧的原则和流程，完成枯燥的任务，被困在没有前途的工作中。

在任期方面，Z 世代只要认可企业的价值取向，感到幸福，热爱工作，感觉自己能发挥重要作用，就可以一直为同一家企业效力。“我想在第一家公司工作至少一两年。如果一份工作能真正地让我满足，为我提供在公司内部或外部向上流动的可能性，并且这份工作有助于提高我的生活质量和职业满意度，我就会一直待在这家公司。如果职场环境的个人主义和悲观色彩太浓，我可能会离职，因为我看重合作和以目标为导向的绩效。”伊莎贝拉说。Z 世代离职的原因还包括：办公室氛围古板严肃，工作内容重复，项目没有挑战性，职场冲突，徇私现象，无力为企业做出贡献，缺乏工作生活平衡或灵活度。

Z 世代认为自己虽然缺少实践经验，但可以用热情、开放和遵守职业道德的优势来弥补缺点，他们寻找的是相信他们的潜能、能为他们提供指导、愿意协助他们在职学习的雇主。“我一直认为稳固的导师–学员关系很重要，在我所敬仰的职业人士中，许多人谈到过这种经历的良多益处。他们认为，导师对于学员学习过程的信任、信心和同理心是学员职业发展的关键。理解并帮助初级员工参加在职培训可以促进企业的发展和创新，增强团队意识。”伊莎贝拉说。

在职业发展方面，Z 世代希望减轻工作负荷，参加更多的入职培训。这能帮助他们融入企业文化，了解团队。之后，他们想从事具有挑战性的工作，参与令人充满激情的项目，希望没有人对他们进行微观管理。如果经理或团队成员需要支持，他们可以坦诚地伸出援手。

对于 Z 世代而言，获得管理职位意味着可以使用和试验不同的管理风格、授权方式和解决问题方法，不变的是重点关注大局。“为管理岗位做准备就是要培养相关技能，在关注细节的同时也不忽视全局。最重要的是，要允许员工练习、反复摸索和失败，并给予他们理解，因为失败可以提供实践经验，是发展的基础。”伊莎贝拉说。

最后，Z 世代认为通过分享和讨论才能学到知识，所以他们喜欢尽可能频繁地，甚至每天与同事、管理者在线上或线下会面，分享大家对于进行中的项目的观点、建设性反馈和想法。在这些会议中，大家应当坦诚相待，享有平等的发言权，不记恨彼此。

不同世代对“尊重”的定义不同

婴儿潮一代时常抱怨年轻员工不尊重自己。这个关于“尊重”的问题显然是冲突的一个主要根源，尤其是在亚洲，尊老敬老是一项社会规则。然而，我采访过的每一位千禧一代和 Z 世代都不同意这种说法，他们坚持说自己在与经理交流时从未表现出不屑一顾，而是恰恰相反。所以，问题并非年轻员工是否尊重老员工，而是不同世代对于“尊重”的定义是否一致。

2009 年，我在伦敦与一组来自大型跨国企业的高级人力资源专家分享全球人才趋势，开始没多久，多数参会雇主就提出，他们面临的一项主要挑战是千禧一代无视权威、缺少边界感等。我对雇主品牌全球负责人分享的一件投资银行轶事印象深刻。他们有一位实习生，是常春藤盟校的学生，他年轻聪明、有雄心远见，在入职后不久，他决定直接向全球首席执行官讲述他的宏大构想。他请求直属领导牵线搭桥，但被拒绝了，因此他开始给首席执行官助理发送邮件，请她安排一次会面。多次发送邮件无果，他决定乘电梯到办公楼顶层，直接走进首席执行官的办公室，“但没有拍他的肩膀”，坐下就开始陈述他的想法。在当今社会，这样的行为也许并非令人难以置信，但过去与现在不同：以前，这种行为不仅很少见，而且会遭到极力劝阻。这位企业代表接着讲述这次事件如何震惊了所有人，尤其是在那个年代，即使是高管在电梯里偶然碰到首席执行官，都要表现得谦卑有礼。当时，在那家银行，员工以同辈的身份去接近首席执行官有悖于社会规范，被视为“不服从管理”和“极度无礼”。而这个年轻人也很难理解为何他表现出的创新性、主动性以及不怕被拒绝的行为得不到任何奖励。

这个问题的本质还是不同世代对“尊重”的定义不同，尤其是婴儿潮一代和千禧一代分歧明显。婴儿潮一代尊重权威的表现是顺从，谦恭文雅，以管理者的想法为主；X 世代不指望年轻人尊重自己，他们对尊重的定义是受人尊敬、被人倾听，但他们从小就被教育要在长辈面前表现“得体”。因此在 X 世代和婴儿潮一代之间，互相尊重通常不成问题。但千禧一代认为所谓的“尊重”是不必要的繁文缛节和对时间的浪费，因此直接予以拒绝；Z 世代只是理解尊重的含义，但他们可以适应各种情况：“上司希望下属尊重他们。我猜测，他们能感受到我们通过行为和态度来表示我们很重视他们的头衔。我们不想给上司造成错觉，因此我们需要用他们习惯的方式来表达尊重。”一位 Z 世代说。

人们对尊重的态度不一，这无疑与家庭状态有关。我们停下来思考一下 20 世纪 50 年代至 60 年代的父子交流。婴儿潮一代与父亲之间的关系基于严厉的爱。如果父亲没有主动聊天，孩子就不能说话，孩子行为不端时会受到父亲的惩罚。长辈认为惩罚是爱的表现，是为了孩子好，能让孩子变得强大。孩子崇拜父亲，认为自己永远无法取代父亲的地位，这种情感转化为一种带有敬畏色彩的恐惧感。因此，当婴儿潮一代进入企业工作后，身边的同事唤醒了他们对父亲的记忆，他们用类似于对待父亲的方式与前辈相处，这是很正常的现象。在他们与父亲相处的过程中，顺从就是表达尊重的方式。

然而，千禧一代在成长过程中并没有对父亲言听计从或充满恐惧。他们与父母的关系常常会化作一种友情，他们让父母参与自己的私人生活，以平等的身份与父母相处、聊天。父母鼓励他们谈论一切话题，诚实、坦率地表达自己的观点。

进入职场后的千禧一代会直接且主动地接近前辈。实际上，他们是能与前辈轻松共事的第一代人，这也没什么可奇怪的。与 X 世代和婴儿潮一代不同的是，千禧一代在成长过程中不惧怕权威，敢于在长辈面前做真实的自己。千禧一代认为尊重是靠努力赢得的，也是双向的，在工作和家庭中都是如此。因此，他们总是抱怨前辈不尊重自己。婴儿潮一代则对新生代不尊重人的表现不屑一顾。对于千禧一代来说，诚实和直率就是尊重的表现。“‘我告诉你事实，让你了解我的思考过程，实话实说，这就是足够尊重你的表现。’毕竟这样可以节省每个人的时间，大家不用拐弯抹角、假装礼貌、含糊其辞，而是直接关注需要解决的问题，完成更多的工作。要做到这一点，信任是必要的，有信任才会有尊重。”千禧一代维克多说。

解决这个问题的方法是开诚布公地承认每代人对尊重有不同的理解和表达方式，并帮助工作组成员理解各世代的背景。每代人对尊重的预期是什么？我们是否可以为不同于我们预期的行为贴上“不敬”的标签？

我尊重那些值得我尊重的人。如果权威人士做出令人不齿的行为，那么我将不再敬重他们。

来自新加坡的 Z 世代

我们的使命是挑战现状，却常常被贴上“不尊重人”的错误标签。

来自荷兰的千禧一代

不同世代接受的教养方式不同

与不同世代进行交流时，你会发现父母的教养方式随日新月异的社会趋势而变化，多数父母会根据时下的主流趋势调整自己的做法。

然而，并没有多少人意识到教养方式会影响我们对待权威的态度和我们的领导风格。那么，童年在塑造婴儿潮一代、X 世代、千禧一代以及 Z 世代的领导风格上发挥了怎样的作用呢？

婴儿潮一代和专制型父母

在讨论婴儿潮一代的领导风格之前，我想先回顾一下他们的前一代人——传统一代。以下是大多数婴儿潮一代进入职场时的经历。

在第二次世界大战结束后的几年里，人们认为军队的训练就是最佳的领导力培训。在许多国家，管理岗位对退役军人的需求十分旺盛，因为他们具备构建框架和管理大型机构的能力。那时，很多管理任务和系统相对简单，但等级制度复杂，因此，招聘退役军人在短期内是合适的做法。随着知识经济发展逐步成熟，企业开始在更加复杂的生态系统和信息体系中运营，员工需要掌握不同类型的技能组合，例如高情商或科学、技术、工程和数学学科的深度专业知识。这在企业内部造成了工程师-管理者鸿沟，这是数字变革至今还无法解决的问题。企业应对这一问题的方法是采用更加扁平化、矩阵式的管理模式。命令控制式领导风格不适合当今社会，也没有效果。虽然年轻的婴儿潮一代在传统一代的管理之下，受到了这种管理风格的影响，并且在自己的职业生涯中或多或少模仿了传统一代，但这并不代表他们喜欢或者赞同这种管理方式。

婴儿潮一代一般成长于传统的专制型家庭。父亲作为一家之主负责所有的重大决定，不与其他家庭成员过多协商。婴儿潮一代的职场也借用了这种体系，构建了一个由管理者和下属构成的等级金字塔。命令从最顶层逐级传达下来，你既是“上一层”员工的下属，也是“下一层”员工的管理者。

婴儿潮一代不得不努力工作，以求取得成功、飞黄腾达。因为他们拥有丰富的经验，在人生中面临过种种挑战和危机时刻，所以，大体而言，他们作为管理者的态度是“我什么都见识过、做过”。也因此，他们在给人建议或指导时往往更加一板一眼，他们可能会采用家长式管理方法，把团队成员视为家人。这意味着他们经常采取家长式的做法来培养或惩罚下属。

婴儿潮一代管理者善于合作，有韧性，绝对忠诚，非常尊重行政管理系统。他们认为成功是要付出代价的，其中一项代价就是把工作放在享受生活之前，这使他们成为最初的“工作狂”。他们认为有必要“树立榜样”，因此他们对别人的期待与对自己的首要期待是一致的。“我的第一个老板是婴儿潮一代，他是我见过的最热忱、忠诚的人。后来他得了癌症，但他非常坚强，每天都来上班，甚至在化疗期间也是如此，他是世界上最坚强的人！他以身作则，没有放弃自己、下属和工作。他真的很了不起！”X世代比尔说。

婴儿潮一代往往认为，他们在企业中的职位和职能赋予了他们权威，他们的知识和经验对他人大有裨益。他们几乎了解所有的话题，并且依据自己与世界互动的经验树立了明确的是非观。因此，在他人眼中，婴儿潮一代思想僵化、固执己见、不愿改变。

“我们现在能看到两种类型的婴儿潮一代：第一种人已经置身事外，他们的观念牢固、尖锐、一板一眼，他们几乎了解所有的话题，说起话来像专家，他们很会讲故事，生活富足。第二种人有意改变自己，接受变革，因为他们需要生存，与年轻人竞争工作。两种人都有价值，各有千秋。我们需要智者和导师。他们用多年积累的经验教会了我们通过其他途径无法获得的知识。极端地说，有许多婴儿潮一代相对而言身体健康，更愿意学习和沟通，他们应当再就业，再次接受培训和调用。这将有助于补充核心人才缺口，这是一个无论病毒感染是否发生我们都会面临的难题。”婴儿潮一代斯蒂芬说。

2016 年，我为一家顶级金融服务集团主持一项研讨会，旨在推出其雇主价值主张。集团的首席执行官与来自市场、人力资源、雇主品牌、学习与发展以及传播部门的 20 多位高级经理齐聚一堂。在会议上，他们认为有必要阐明企业的目标，寻求青年人才的共鸣。首席执行官是婴儿潮一代，他听了一会儿大家的讨论后，不耐烦地站了起来，说：“我不太明白，为什么要花两个小时讨论我们的企业目标？我们是一家银行，目标很简单，就是赚钱！”尽管他说得有一定道理，但这样的反应暴露出了年轻人最憎恶的四个人格特征：缺乏同理心、思想迂腐、与时代脱节、抵制变革。

“婴儿潮一代最缺乏的是积极倾听的能力。他们更愿意听自己想听的内容。这一般会导致沟通障碍并加深他们与千禧一代的代际鸿沟。他们很会讲故事，能设身处地地思考问题，但他们需要理解和同情年轻人可能会面临的境况，而不是误认为这种境况仅与‘特权’有关，或者只是幼稚的年轻人的困扰。”斯蒂芬接着说。

值得注意的是，虽然多数婴儿潮一代采用传统型管理风格和“自上而下”的管理方法，但在过去十年间，这种模式已经得到了明显的改善。现在，许多婴儿潮一代很擅长使用“自下而上”的管理方式。在我遇到过的最具感召力的管理者中，有些人就是婴儿潮一代，比如联合利华前首席执行官保罗·波尔曼（Paul Polman）。“突破传统束缚的婴儿潮一代比比皆是。他们创造新技术，设立新公司。这样的例子数不胜数，比尔·盖茨就是其中的一个。有些年轻人认为婴儿潮一代自私自利，尽其所能地积累财富。这种说法也许是对的，但我认为年轻人不记得或者不了解许多婴儿潮一代正在用自己的财富从事慈善事业，进行大规模捐赠。这些婴儿潮一代在解决疾病、洁净饮水、贫困等最大的全球性问题方面做出了重要贡献。”婴儿潮一代肯特说。

> 阻碍婴儿潮一代促成变革的唯一因素是他们做不到多倾听、少说教，我认为这是老一代员工的痛点。他们以为自己无所不知，尤其懂得年轻人如何做才能获得最大收益。对于婴儿潮一代而言，倾听而不轻视是最关键的技巧，当然，也不能把年轻人当作儿女

一样，提供一些没有必要的建议或历史经验。

斯蒂芬·特乔亚
来自新加坡的婴儿潮一代

X 世代和“放牛吃草型父母”

X 世代上承婴儿潮一代，下启千禧一代，肩负着促进管理风格实现良性转变的职责。X 世代与其前辈和后辈有所不同，他们出生于人们常说的“反儿童时代”，那时，离婚率上涨，更多的女性选择外出工作，导致年幼的 X 世代时常需要在无人监督的情况下独处，因此他们也被称为“挂钥匙儿童”。“我们大多数人都自食其力，学习如何做饭、打扫房间、洗衣服、沟通、交际、面对输赢、尊重他人。我还敢肯定，多数 X 世代都在性格形成期的某个时刻被迫彻底独立，以求生存。”来自美国的 X 世代比尔说。

众所周知，X 世代度过了轻松的童年，他们可以在乡间漫游，无须像前辈一样受到条条框框的限制，也不用像后辈一样被安全限制（例如千禧一代儿童广泛使用的个人防护装备）所束缚。因此，X 世代从小自力更生，享受变化。他们了解自己的义务和职责，社会也期待他们不经提醒和指示就能完成这些义务和职责。比如，身为 X 世代的我在青少年时期从来不需要“逃课”。如果我出于某种原因不想去学校，我就可以决定留在家中，我的父母不会提出疑问，因为他们相信我的判断力。他们非常明确地表示我的“任务”就是学习、钻研、考高分，如果我没做到，那么我就得独自承担错误选择的后果。但他们从来不对我的学习过程进行微观管理。我可以自由地用我自己的方式完成目标。他们认为这是成长的一部分。

最早一批 X 世代于 20 世纪八九十年代进入职场，他们继承了前辈以成功为导向的行为准则：努力工作，争取高薪。他们经历过混乱的童年，在工作中渴望成功，这两种因素叠加使他们构建出一种更具合作性的工作环境：虽然高级员工和初级员工仍泾渭分明，但他们的沟通变得较为顺畅。X 世代管理者富有企业家精神，极为独立。他们设定目标，但不插手具体工作，允许员工用自己的方式满足管理者的期待。“宁愿请求原谅，也不请求许可。”许多 X 世代管理者都曾这样说过。

年轻人期望获得前辈的引导、分步指导和持续反馈，管理风格并非管理他们的最有效工具。对此我有过切身体会。作为 X 世代，我在管理中采用的是“己所欲，施于人”的方法：让员工知道我支持他们，但给他们留有充足的空间去达成目标；全程不打扰员工，但在他们有需要时提供支持，并介入其中帮助解决问题。后来，我意识到只有特定的一类千禧一代才能在这种管理模式下茁壮成长，于是，我不得不在职业生涯中途学习如何成为自己不想成为的那种管理者。

因此，X 世代在不同的管理风格之间转换。“X 世代管理者非常清醒。他们花时间思考如何引导员工，也能区分引导和管理，管理关乎链条中的个体和更直接的人际关系，引导者则与角色示范和公共自我的关系更密切。”新加坡的 Z 世代塔玛拉·辛格（Tamara Singh）说。

X 世代在初入职场时面临竞争，这使他们对所有人存有戒心，不易轻信他人。“他们不是要求员工‘按命令行事’的高谈阔论型老板，而是和员工并肩作战的管理者。他们事必躬亲，身体力行，这在理论上应当能为他们赢得尊重，但实际上并非总是如此。”比尔解释道。与婴儿潮一代不同的是，X 世代管理者认为没有必要向年轻人传授知识或智慧，X 世代极富创造力，能解决几乎所有问题，用技能服务企业。“X 世代生活在由传统向高技术进步的转型期。他们既懂传统也懂高技术，擅长作决策，知道如何解决问题，并且能在技术失效时采用传统方法处理问题。”一位来自马来西亚的 Z 世代说。

“我身边的多数 X 世代管理者工作勤奋，在企业中身居高位。他们足够成熟，愿意分享他们的经历并管理团队。他们依旧渴望获得更高一层管理者的赞同和认可，在执行任务时是‘听话的小兵’。有些 X 世代也许感觉自己受到了新生代的威胁，但大多数 X 世代没有这种感受，因为他们拥有丰富的阅历，明白人生中还有其他重要任务，级别和头衔未必等同于幸福和满足感。”来自南非的 X 世代萨里娜说。

很多人认为 X 世代是职场中最受忽视的一代人，但《2018 年全球领导力展望调研》（*2018 Global Leadership Forecast Study*）显示，X 世代在企业应对数字化转型的过程中扮演着重要的领导角色。X 世代接受过婴儿潮一代的训练，并且精通技术。因此在 Z 世代、千禧一代和婴儿潮一代眼中，X 世代是除同龄人以外最容易合作的一代人。出生于时代交界点的 X 世代是传统思维和新时代思维之间的纽带。

代际讨论：关于 X 世代管理者

X 世代没有受到历史的影响，他们的思想体系不像多数婴儿潮一代那样支离破碎。他们有责任感、机智、自立，许多 X 世代还精通技术，这是一项很好的优势，因为他们体验过新老两种工作方式。

夹在新老两代人中间的 X 世代易于沟通，他们善解人意，也易于被理解，几乎没有什么危机状况是他们处理不了的。

我认为他们有韧性，遵守纪律，有礼貌。他们大体上更加健康。他们更加努力地带领所有人前进。他们下定决心投身事业，较少做出破坏性的举动。

千禧一代和“直升机父母”

千禧一代是以成人为中心的社会向以儿童为中心的社会转型的产物。作为千禧一代的父母，婴儿潮一代突破了界限，尝试用另类的方式教养子女，与传统一代相比，他们对子女的管教更加宽松。他们也被称为“直升机父母”，因为他们一直在孩子周围徘徊，为孩子提供帮助，对孩子和蔼可亲，与孩子形影不离，望子成龙，望女成凤。他们认为帮孩子建立自尊是孩子未来成功的关键，于是把给予正强化升级为派发参与奖杯。因此，千禧一代也被称为“奖杯儿童”，许多人认为这导致千禧一代变成了自恋狂，成年后长期处于失望状态。这也使他们成为第一代无须反抗父母的青少年。

千禧一代的父母插手子女生活中的每个细枝末节，安排子女参与多项活动，并密切关注子女的一举一动。他们帮子女设置好每个里程碑，制订达到里程碑的具体计划，一路上帮子女过关斩将。2006 年至 2012 年期间，我听雇主和教育家讲过许多关于父母过度参与子女生活的故事。这些父母为子女选择学习课程，在子女成绩不佳时试图向大学教授求情，更有甚者代替子女参加工作面试，要求雇主聘用自己的孩子，接手所有与子女求职相关的联络工作，出现在孩子未来的工作场所，要求跟随参观办公室。

刚进入职场的千禧一代期待雇主给予自己父母般的关怀，指导自己，帮自己设置目标并为达成目标做必要的精心安排，同时为自己颁发“参与奖”。虽然很多人最初以为千禧一代不具备管理者潜力，但随着千禧一代逐渐承担起更高级别的职务，人们开始意识到千禧一代将赋予领导力全新的定义。千禧一代需要话语权，这宣告了等级金字塔的消亡，取而代之的是旨在促进决策和沟通的扁平化管理结构。

千禧一代是第一代意见领袖型管理者。他们能获得管理职位依靠的不是上级任命，而是在线上和线下建立的“群众基础”。而且，他们所在企业的复杂程度和自治性更高。以前，管理更接近于一项“职能”，而现在，精英主义和个人影响力发挥着更重要的作用。千禧一代管理者待人真诚，你可以与他们产生共鸣，不会感觉他们遥不可及、难以替代。

“我们普遍厌恶风险，为人真实。我们不会区分专业自我和个人自我，并且重视表达和独立思考。我们非常关注自我照护和健康，因此，工作生活平衡对我们而言是一项要务。我们不停地努力学习，发展自我。但最重要的是，千禧一代管理者用共同目标凝聚团队，我们知道集体是实现任何目标的催化剂。”千禧一代阿格里姆·辛格说。

马克·扎克伯格是首批杰出的千禧一代管理者之一，他用三个词定义了“领导力”的含义：赋能、目标感、联系。

Z 世代和“隐形战斗机父母”

Z 世代在教育选择和职业选择方面深受父母的影响。这看似不值一提，毕竟几个世纪以来，每代父母都操纵并控制着子女的选择。然而，这种想法会使我们忽略一个事实：子女在世代交替中发生着变化，父母和教养方式亦然。Z 世代的父母与婴儿潮一代的专制型父母以及千禧一代的“直升机父母”迥然不同。尼尔·豪把 Z 世代的父母即 X 世代描述为“隐形战斗机父母”，他们一般在远处监视子女，只有发生严重问题时才会介入子女的生活。“直升机父母”试图不惜一切代价地保护子女免受磨难，而 X 世代则培养出了独立自主的孩子。X 世代在子女需要帮助的时候提供了更多的支持，他们发掘孩子的天性和兴趣，而不代替孩子做决定。因此，Z 世代不会盲目听从父母的要求，但愿意主动向父母寻求建议。

由于 Z 世代尚且年轻，远无法担任企业内的管理职位，我们自然无法确定他们会成为何种类型的管理者。但考虑到他们接触过海量的信息，并从 X 世代父母身上学到了适度的怀疑精神，因此毋庸置疑的是，Z 世代将进一步质疑并重新定义“领导力”的概念。

我曾与数百名 Z 世代聊天、会谈，问他们认为自己将成为何种管理者。许多人对“管理”这一词语持怀疑态度，他们认为管理职务被胡乱地强加给了不够格的人选，在学校里尤其如此，这些人“有一种优越感和权威感，他们误以为自己有能力和责任，有否定他人的资格，内心充满骄傲和自负”。与此同时，许多真正拥有管理才能的人却从未树立起担任管理者的自信心，因为他们在家庭和学校中缺乏支持。

“管理的实质不是一个职位，它指的是一个人接受挑战的能力，管理者应当愿意服务和帮助他人，不在乎名声、赞誉、金钱或任何其他形式的私利。”Z 世代丹尼尔如是说。

其他人表示，紧迫的社会问题和环境问题可能会影响 Z 世代的未来，因此这些年轻人在未来担任管理者时会展现更多的同理心、更强的感知力和对世界的热爱。同时，媒体零碎化的特征也将在各种各样的领导方式中得以体现。“最糟的情况是，产生一种混乱的不一致性。最好的结果是，虽然多样化的管理方式会引起不适，试错也在所难免，但最终创新型管理方式会为这一切画上句号，人们将不停地修正这种管理方式，以提高工作质量。”Z 世代伊莎贝拉说。

“实话说，我无法断言我们这代人将成为何种管理者，因为我们目前还不是管理者。有些人聪明绝顶，有些人愚笨至极，他们每天都在刷新着我的认知。当今社会的流动性和活力更强，我认为我们这代人将采用‘基于目标的管理方式’引领世界。意思是，我们在迎接未来的挑战时将竭尽所能地消除问题，利用一切手段使人类生存下去。我们将主要致力于完成这个目标。”这是 Z 世代迈克尔对“Z 世代将采用何种管理方式”这个问题的回答。

构建多代际团队：Z 世代理想中的管理者
• 思想开明
• 分享功劳
• 认可成功
• 以身作则
• 赋能员工
• 激励人心
• 为人真实
• 有亲和力
• 忠于愿景和目标

不同世代面对的职场挑战不同

我们看到婴儿潮一代经验丰富，X 世代足智多谋，千禧一代自信满满，Z 世代信念坚定，很难想象他们会产生自我怀疑。但就职场地位而言，每代人都有属于自己的不安全感。婴儿潮一代害怕被淘汰，X 世代惧怕事业进入停滞期，千禧一代担忧自己成为“夹心层”，Z 世代担心自己不受重视。老一辈和新生代都担心其他人会根据年龄对自己妄加臆断，他们不清楚是否有必要弄明白如何与其他世代实现最有效的沟通。

60% 的 Z 世代、26% 的千禧一代和 17% 的 X 世代害怕年长的同事，因为年长的员工拥有经验、知识、地位和权力。

与此同时，12% 的婴儿潮一代、9% 的 X 世代和 12% 的千禧一代对年轻员工感到恐惧，原因是年轻员工活力充沛，有一种自认为无所不知的态度和快速学习的能力，并且精通科技。

代际讨论：为何老一辈令人胆怯？

“他们能说会道，经验丰富。他们似乎对生活无所不知，跟他们聊天就像在听一本活的“历史书”。”

“他们德高望重，大权在握，可以支配你。他们有宽广的人脉，懂得办公室政治，因此你要保持谨慎。”

“要想让他们参与某一件事，就得跟他们签订一份协议，而且你得格外注意用词。我们很难与他们产生共鸣，因为他们很少表现真我。”

代际讨论：为何年轻一代令人生畏？

他们在成长过程中获得的资源和教育比我们更多、更好。他们因此成长为拥有出众才能、强烈渴望和自信心的专家，令人畏惧。他们有活力，能用新方法解决老问题，我担心这会使我付出的努力相形见绌。

他们在大学阶段就开始为理想的工作做准备，他们踌躇满志地进入职场，踏上光明的领导力成长路径，常常很快就超越了我们。

他们有更强烈的渴望，是更优秀的学习者。虽然我们许多人嘴上不说，但其实我们有时会害怕自己被淘汰，担心别人认为我们年纪太大，生怕被炒鱿鱼。

这些年来，我与各行各业的专业人士展开访谈、调查和对话，一个事实逐渐浮现：**每代人都在悄无声息地应对一场秘密战斗。**在 2020 年的调查中，我请 1 000 多位专业人士描述了他们每天会遇到哪些与自己所属世代相关的困难。以下是最常见的回答。

每代人面对的职场挑战

婴儿潮一代

- 突破陈旧的心智模式
- 缺乏科技知识
- 行动迟缓
- 学习速度不如年轻人
- 被认为观念过时
- 被当作企业的固定资产，得不到晋升机会和赏识
- 被认为还拥有充足的创造力和活力去理解和追赶三代年轻人

X 世代

- 需要站稳脚跟
- 对付年轻同事以及与之相关的偏见
- 早一批 X 世代被认为已处于职业生涯末期
- 在发展和收入潜力方面触及上限
- 年轻的 X 世代位于交界点：相对于新生代来说年纪太大，担任高层管理者又为时尚早
- 缺乏存在感：我们是迷惘的一代，人们不在乎我们的想法
- 在求职时会遭遇年龄歧视

千禧一代

- 让年长的管理者理解我们的观点
- 夹在不同世代之间
- 我们的薪酬发放依据是工作经验，而非技能和才干
- 在建立财务稳定性的同时平衡工作和家庭
- 应对制度性权力
- 被认为无礼、娇气、不易相处
- 不受尊重

Z 世代

- 因为缺乏经验而被低估
- 被认为娇生惯养、固执、没有耐心
- 内心有压力，并且要使用正确的方式与三代前辈相处
- 机会有限
- 没有人倾听我们对未来的愿景
- 知道未来取决于我们这一代
- 陷在低级工作中

在多世代职场中，各代员工的担忧也不尽相同。

代际讨论：在多世代职场中的担忧

“我由于担心与年轻人失去联系，不得不与年轻人共同承担他们过度参与的后果。我还担心他们无法接受我提出的告诫。”

“我担心在求职时遭到年龄歧视。尽管我的技能和思想观念紧跟时代，但如果和一个掌握良好技能的 28 岁年轻人面对面地竞争同一份工作，单是年龄这一项劣势就会使我完败。”

“我担心“夹心层”的位置会导致我对透明化沟通、挑战现状、取得成就和获得认可的需求难以得到满足。”

“我担心自己被低估、被比较和被忽略。我们从小学到大学一直都在经历这种情况，已经忍无可忍。”

团队管理者和专业人才必须联结不同年龄段的员工，让所有人积极参与工作。他们虽然了解员工在多世代职场中面临的挑战，但经常担心自己无法帮员工解决这些挑战。与各代人进行有效沟通，让所有人保持积极性和主动性，协调不同的工作方式和偏好，这些并非易事。以下是人力资源管理者在试图协调多世代员工时面临的最大恐惧：

- 被误解；
- 使某些群体与其他人产生隔阂；
- 无法统一各代人的愿景；
- 不能顾及所有人的希望和期待；
- 无法保证公平性；
- 对因政治正确性引起的公开辩论过度敏感；

- 害怕得罪人。

他们的担心是有道理的。在紧张的职场氛围中，人们对这个话题很敏感，这种心理是隐蔽的，往往也是无法预料的。

我想用一次亲身经历来说明这一点。2020 年 5 月，在疫情隔离期间，我在家中闭关写作本书，完成了一半进度。我在 Facebook 的新闻推送中看到了《纽约时报》上的一篇名为“远程办公监控软件需求激增”的报道。我一般不回复公开帖子，但这次我决定写下评论，因为我深知微观管理不能保证员工的工作效率。我一边回复，一边陪年龄分别为 1 岁、2 岁和 5 岁的 3 个孩子玩耍，因此没有对回复的内容和措辞花太多心思。几秒钟内，我就收到了一位婴儿潮一代的回复，这位网友指责我对世代不敏感。我当然很介意，于是再次回复，澄清了我的本意。经过短暂的交流，我们意识到两人立场一致。我了解到她是一位优秀的资深专业人士，后来我们取得了联系，她成了本书的潜在贡献者。

接下来，我将分享这个故事以及我们在 Facebook 上的真实对话，以证明人们对负面刻板印象有多么敏感。可惜如果不讨论并解决这些刻板印象，即使人们的初衷本无恶意，代际冲突也可能持续发生。在我的职业生涯中，我的主要工作就是团结各世代，鼓励大家换位思考，对各世代同事保持好奇心，互相理解。如果像我这样的人都会因为一条社交平台的信息而不经意地产生这种反应，可想而知，每天在职场中会发生多少类似的场景。我们之间的较量是公开的，因此我很幸运能有机会向对方解释自己的想法。但这在职场中不太可能实现，大家没有机会讨论和澄清，因此愈加厌恶彼此，无法开展卓有成效的合作。

好消息是，虽然大家面临以上的恐惧和担忧，但在我的采访中，几乎所有的婴儿潮一代和 98% 的 X 世代都表示自己喜欢与新生代一同工作。同样，92% 的 X 世代、95% 的千禧一代以及 90% 的 Z 世代说自己乐意与老一辈共事。这是打造和谐职场的一项重要的前提条件。想象一下，如果企业能真正承担起责任，采取一些可行的措施消除员工的顾虑，这将节省多少宝贵的精力，避免多少不必要的冲突。

蕾切尔·福卡迪：这是雇主最不应该做的事情。现在，许多企业都在为了吸引人才而改变工作环境，并且把自己定位成理想的工作场所，如此倒行逆施的企业最终会难以吸引和留住人才。工作的未来已经到来，老一辈采用的微观管理和“控制与命令”式管理风格行不通了。

而且，每个人在危机时刻面对的情况各不相同。许多人除了工作以外还要照顾孩子，完成家庭教育，他们本就力不从心。而单身或者孩子已经成年的人可能有大把的时间可以利用，能在工作中找到慰藉。每个人的情况都有特殊性，没有一个确切的答案，所以雇主最好有同理心，给员工一些空间和时间来厘清自己的新常态，并关心员工的身心健康。我们同为人类，现在的情况并非任何一个人的自愿选择。员工在这个时期要竭力保住饭碗或努力寻找新工作，因此那些不信任员工、把员工当作附属品或者机器人的雇主也许暂时能蒙混过关，但这样的企业给人们留下的最终印象是：工作环境不人道且险恶，无法在千禧一代和 Z 世代主导的世界中占据一席之地（这是我作为 X 世代的发言）。

网友：我同意你关于跟踪员工的看法，我们又不是小孩子。20 多年来，我一直远程工作并管理团队，而且告知其他领导者使用 SIP* 产品能帮助他们判断一个员工是否基本完成了工作。许多员工的居家办公成果都超过了领导者的预期，原因各式各样：有些人想主动好好表现，有些人不想被同事认为在偷懒，还有些人在干扰减少的情况下工作效率更高……当然，在 SIP 时代，大规模的远程办公使员工无法获得足够的办公支持，因此他们更加需要与人建立联系，许多人的担忧和焦虑情绪加重，孩子居家上学等不同因素叠加使这一问题变得更加复杂。要知道，我是婴儿潮一代的尾巴……你的问题与某种管理类型或方式有关，没有任何一代人喜欢这种管理模式。你应该有点风度，承认前人的成就、现在的便利条件以及发展基础，这将有助于塑造友善且人性化的职场环境。不应当把不同类型的人混为一谈，对他们的思想抱有先入为主的观念，以为他们没有区别。

---

* 一个应用层的会话发起协议，用于创建、修改一个或多个参与者的会话。

蕾切尔·福卡迪：弥合职场代际鸿沟是我一生的事业，我与全球的政府机构和企业共同致力于这项工作已经 15 年有余。诚然，每代人身上都有许多值得我们学习的东西，但工作的未来有特定的发展趋势，而且该趋势不会包括远程监视并控制员工。

网友：你根本没理解我的意思。我完全同意监控是不合理且多余的……但你冒犯了婴儿潮一代，还说专制型领导者都是婴儿潮一代，这种想法是错误的，这样的表达方式是无效的……

网友：再说一次……我已经说过两次了……监视是不行的。我经常引用通用汽车公司首席执行官玛丽·巴拉（Mary Barra）的话，她认为没必要制定着装要求……因为如果她不相信员工懂得信任的含义，那她如何能放心地让员工做决策呢。

网友：嘿……她是婴儿潮一代，也是一位首席执行官。

蕾切尔·福卡迪：也许我没有表达清楚。我完全同意贴标签的行为和刻板印象弊大于利，但事实是“控制与命令”式管理风格是传统一代和婴儿潮一代的管理特色。这不意味着所有婴儿潮一代都采用了这种管理方式，也不代表他们喜欢那些接受并宣扬此种管理方式的企业。我不是在指责谁，也不是要把文章中所说的微观管理与今天的婴儿潮一代画上等号。其实在我接触过的最有感召力的领导者中，有些人正是婴儿潮一代，他们致力于培养、培训、赋能青年人才，让年轻人影响世界、推动创新。我正在写一本关于如何团结各代职场人的书，今年晚些时候会面向全球出版。我写这本书的初衷就是鼓励各代人拒绝标签和刻板印象。

网友：你这样说就得体很多……谢谢。婴儿潮一代引发了许多变革……依我拙见，以前也有人反抗过“控制与命令”式管理风格，其中包括不少婴儿潮一代……应当承认这个事实……我的意思是要想让社会好转（我从小就开始致力于实现这一目标），就要适应新环境，让一切日臻完善，不应抨击之前的社会……这就是技巧……在目前的政治环境中，人们摒弃了礼仪……这严重地影响了团结。改变是关键所在……最有效的方法是挑战传统并着眼于变革，前提是人们要表现得体，关注有用的方面，同时不抛弃历史。

网友：衷心地祝你的新书一切顺利！

蕾切尔·福卡迪：我期待能与更多的婴儿潮一代领导者对话，如果你有时间，我也希望能与你交流。

REFRAMING GENERATIONAL STEREOTYPES

第 7 章

在新情势下领导多代际团队

如果团队所有成员都享有平等的
话语权，他们就能提高创造力，
取得更好的成果，完成更高的业绩。

Teams where everyone has equal voice,
results in greater creativity, better outcomes and
higher performance.

应对代际冲突引发的问题

现在你或许已经可以体会，我在前文谈到的差异、误解和不安全感会危害职场环境，使企业无法发挥人力资本的力量。那你能想到会发生哪些冲突吗？如果不解决这些冲突，又会导致什么后果呢？

我向 250 位人力资源管理者提出了一个问题：你在企业中遇到过哪些因代际差异而产生的难题？以下是最常见的回答：

- 员工不和；
- 恶性竞争；
- 缺乏相互尊重；
- 员工敬业度低；
- 高流动率和流失率；
- 错位现象；
- 项目进展缓慢；
- 创新停滞；

- 技术进步速度慢；
- 缺少团队精神。

由此可见，代际矛盾不仅不利于员工合作，还会对企业以下 4 个方面的能力产生负面影响：

- 选聘合适人才的能力；
- 留住合适人才的能力；
- 推动创新的能力；
- 建立强势雇主品牌的能力。

接下来我们逐个分析。

选聘合适人才的能力

• 聘用标准

企业通常会在选才方面设定严格的限制，因为招聘方十分关注应聘者的学校、学位和绩点。但新生代多才多艺，“成功”的定义似乎与以往不同了，雇主们最渴求的技能也超越了传统选拔标准。如果招聘方不理解这一点，就可能错失优秀人选，这是人力资源管理者的最大苦恼之一。“多数时候，当我把一份优秀的简历摆在高层管理者面前时，他们首先关注的就是候选人的学校。如果不是顶尖学校或者他们的母校，管理者就会把候选人的简历扔到一边，不再继续了解。我们就这样错过了很多英才。”一位金融服务公司的人力资源主管告诉我。

如今，招聘既不是企业单凭成绩或者学业表现决定是否接受求职者，也不是求职者仅根据品牌声望选择雇主，而是寻找求职者个性与企业文化之间的最佳匹配。因此，企业应当扩充人才储备。何况在招聘数字化的趋势下，无论企业是采用兴趣等新标准锁定目标人选，还是根据学校和专业确定聘用对象，实际投入的规模成本都大同小异。

- **面试过程**

虽然现在人们强调要保持“真实”，但这未必总能带来好处，在面试过程中尤其如此。如果面试官跟不上时代，明显采用了结构化面试的形式，或者不允许应聘者涂指甲油、梳新潮发型、提关于工作生活平衡的问题，且理由只是应聘者的这些行为与他们的固有观念不同，就有可能把一些人才拒之门外。“面试官经常从面试刚开始就对应聘者抱有偏见，原因只是应聘者‘表现得不够专业’‘穿得不够保守’‘看起来太放松’或者‘问太多关于企业文化的问题’。这样一来，我们不仅失去了很多优秀人才，而且还得应对品牌受到的外部冲击，因为应聘者会在线上或线下与同伴分享他们的消极经历。”一家专业服务机构的人力资源主管如是说。

如果企业确实重视真实性，就需要确保应聘者在整个面试过程中能真实地表现自我。面试过程必须像一次真实的谈话，面试官不应歧视应聘者的真我。关键是要把面试当作一次评估应聘者与企业文化是否契合的机会，这样做会带来双赢的结果。如果应聘者与企业文化无法互补，那么应聘者就能避免从事一份不适合自己的工作，同时，高度个性化的面试形式还能帮企业赢得应聘者的感激之情，而那些与企业文化契合的应聘者也能确切地知道企业的真实情况。这最终会提高招聘的成功率，降低每次招聘的成本，提升员工的敬业度、留任率以及工作效率，营造更加愉悦的工作环境。

• **薪酬**

现在的年轻人比他们的前辈更加看重津贴和福利。应聘者们想要延长带薪假，远程办公，获得医疗、健康和家庭福利。如果薪酬福利专员不了解每代人关注的首要问题，就无法设计出满足不同需求的方案。例如，马来西亚银行等企业针对各世代设计了不同的薪酬体系，亚太环通（Pacnet）等企业考虑到员工的首要任务随人生发展而改变（比如刚毕业的员工和准备建立家庭的员工需求不同），因此处于不同人生阶段的同代员工也有各自对应的薪酬体系，这类企业的工作邀请接受率更高。

“很多时候，我们给年轻应聘者发送录用函，他们在回信中虽然没有说‘这就是你们提供的待遇？’，但提出了许多与津贴相关的问题，原因是我们无法像其他企业一样提供某些津贴。薪酬小组拒绝回复这些询问，还说应聘者有特权意识，不懂感恩。但这就是现状，我们得接受它！”一位工程制造公司的人力资源主管说。

既然人才愿意用较低的基本工资换取其他福利，那么企业应当在薪酬方案设计上发挥创造力，这将有利于强化雇主品牌，减少工资开支，降低员工流失率。

留住合适人才的能力

• 职场不满

年轻人想获得自主权和认同感，期待企业为他们提供实现职业发展和贡献重要力量的机会，以及清晰的成长路径。年长的管理者往往根据任期长短提拔员工或给员工分配额外职责，但千禧一代和 Z 世代期望并要求取得快速进步，因此经常对管理体系不管不顾。年轻员工与管理者之间产生矛盾的一个重要根源是年轻员工无法快速进步、发挥影响力，双方都得与自己的心理预期和焦躁情绪做斗争。“处于职业生涯早期的员工感到非常沮丧，因为他们知道自己要在多年后才能得到提拔，所以选择离职。我们因此失去了一些杰出的员工。”一位制药公司的人力资源管理人员认为。

资深员工应当寻找解决这一问题的方法，年轻员工也要明白他们有责任证明自己具备取得优异业绩所需的素质，否则双方很难找到一个平衡点，千禧一代和Z世代将会抱着怀才不遇的心情离开企业。

- **缺乏代际凝聚力**

在成长过程中，人们鼓励我们花时间与同龄人相处，在我们眼中，年长者要么是权威人士，要么是生活方式和主要任务与我们截然不同的人。进入职场后，我们得与各年龄段的同事合作，但我们几乎不了解也不认识他们。虚伪的表现、含糊的态度、对立的观点以及等级观念导致团队缺乏凝聚力，进一步加深了员工之间的隔阂。“年轻员工喜欢扎堆，他们和老员工之间缺乏信任，因此，非正式交流变得令人极度不适，这很可惜。说到底，我们都是人，如果各代人相互融合，打破孤立，那么我们就能更轻松地建立一种以尊重、理解、合作为特点的文化。”一位管理咨询公司的人力资源主管说。

企业应当努力增进各年龄段员工之间的感情，否则员工将继续认为各世代毫无相同之处。这会对员工的团队协作能力造成负面影响，进而引发不满情绪，最终导致员工流动率升高。

推动创新的能力

- **创新停滞**

代际冲突消耗员工精力，削弱创新动力。如果多代际团队不能通力合作，并在流程和职责方面达成共识、推进想法，那么项目计划恐怕要在数年之后才能实现。

千禧一代和 Z 世代有奇思妙想，乐于尝试。然而，他们提出的解决方法和新方案常常得不到前辈的支持。一位广告代理公司的人力资源主管认为：“如果想领先于行业竞争对手，就要解决最大的挑战，那就是自上而下的管理模式，因为制定关键决策的权力仍然掌握在一群不愿意创新和赋能的人手中。关键是要找到合理的方法，‘强迫’那些因为取得商业成就而占据重要地位的老一辈敞开胸怀，拥抱变革。”

不愿变革的心态也导致员工抵制采用新技术，这进一步加剧了企业内部的分裂。

> 关键是最年长的管理者要能够欣赏和认可创新思维的价值，鼓励员工挑战传统，允许试验，支持一定程度的冒险。同时，Z 世代应当理解：客户需要获得可持续且被证实的价值，许多客户对冒险依旧持传统观念。如果能找到一个好的平衡点，就可以充分利用新老人才的优势，为企业创造价值。
>
> 
>
> **帕拉维·斯里瓦斯塔瓦（Pallavi Srivastava）**
> 来自印度的 X 世代

• 多样性与创造力

过去的十多年，有无数研究反复地证明了一个事实：**在由各类人员组成的团队中，虽然每个人的背景、技能、观点不同，但如果所有成员享有平等的话语权，他们就能提高创造力，取得更好的成果，完成更高的业绩。**对于一个团队来说，代际多样性是不可或缺的。婴儿潮一代和X世代倾向于依靠过往的经验，而新生代想推行新观念。两者都至关重要，如果不能融合两者之所长，就会严重损害企业推动创新的能力。“千禧一代和Z世代的想法很棒，但他们往往不知道如何实现这些想法，因为他们没有充足的行业知识和在企业内工作的经验，很难预测潜在的问题。而婴儿潮一代和X世代非常清楚如何掌控企业发展方向，只要他们愿意，就能完美地扫清各种障碍。如果这两个群体能找到合作的方法，他们将迸发出势不可挡的力量。”一位生物科技公司的人力资源主管说。

• 无法吸引消费者

企业要保持竞争力，就需要了解自己的消费者。这意味着企业必须提供能够吸引消费者的产品和解决方案，熟悉能够吸引消费者注意力的地点和方式。企业必须让最了解消费者市场的人员对产品开发和市场营销发表意见。如果企业的目标是吸引年轻消费者，那么Z世代和千禧一代应当成为推动产品开发的主力军，因为他们的年龄和思维模式与消费者最接近。同样，如果目标消费者是年长者，那么婴儿潮一代和 X 世代应当发挥引领作用。这一点也适用于广告宣传，因为广告成功与否也取决于企业能否采用最有效的方式定位并影响消费者市场。一位 X 世代营销专员说："我曾服务过的一家企业想把产品打造为'21 岁至 35 岁人群市场中的第一品牌'，但企业的所有决策都是由资深员工制定的。他们根本就不了解企业想要吸引的客户，但也许是出于傲气，他们不肯让年轻的团队接手工作。你就能想象到产品的销量达不到我们的预期。"

反之亦然，派年轻员工去和年长的客户交流时也要做同样的考量。

建立强势雇主品牌的能力

最后，上述所有的消极经历和落空的期待都会对企业的雇主品牌造成冲击。近年来，我们观察到选择权从雇主手中转移到了人才手中，因为后者能获取到网上的海量信息，掌握更多的决策依据。他们不仅使用数据，也生产内容，还在网络上与几乎所有人分享这些内容。这意味着所有与企业打过交道的人，无论是应聘者、员工还是消费者，都可以表达自己的褒贬立场。我们知道年轻人在做重要决定时会参考同龄人和网络红人的经验，如果他们读到的评价是某个企业没有支持性文化，缺乏合作、赋能或工作生活平衡，薪酬待遇低于平均水平，应聘经历令人不快或面试带有倾向性，他们就会放弃该企业。企业中因缺乏代际和谐而造成的结果也更明显（见图 7-1）。实际上，潜在的候选人早在与企业直接接触之前就确定了自己的想法，了解了该企业的员工工作体验。

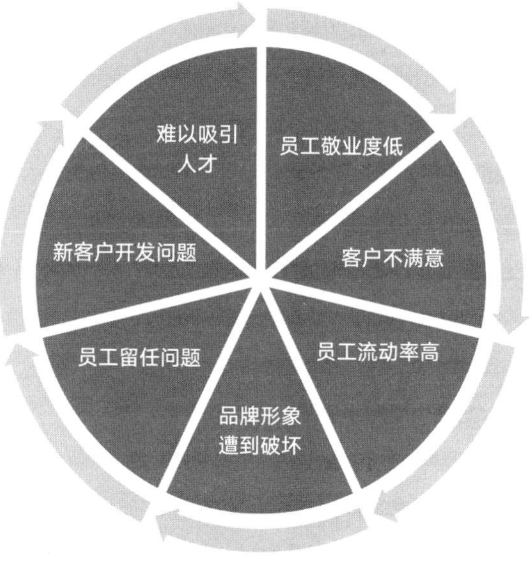

图 7-1 缺乏代际和谐的后果

另一方面，协调多世代员工团队大有裨益。研究表明，提高员工留任率可能会使企业的收入增长率翻倍，同时显著提高利润率。这将极大地节约人均招聘成本，因为应聘者会被强势企业文化吸引而加入企业，薪水只是他们的考虑因素之一。最终，一个强大的、有凝聚力和合作精神的多世代员工团队将会对雇主品牌产生深刻的影响。（不同的团队特点如图 7-2 所示）韦莱韬悦公司（Willis Towers Watson）

的调查显示，如果一个企业在人才体验方面采取最佳做法，那么该企业拥有高度敬业的员工团队的概率会比业界同行高出 3 倍，其企业财务表现显著优于业界同行的概率也会提高 93%。

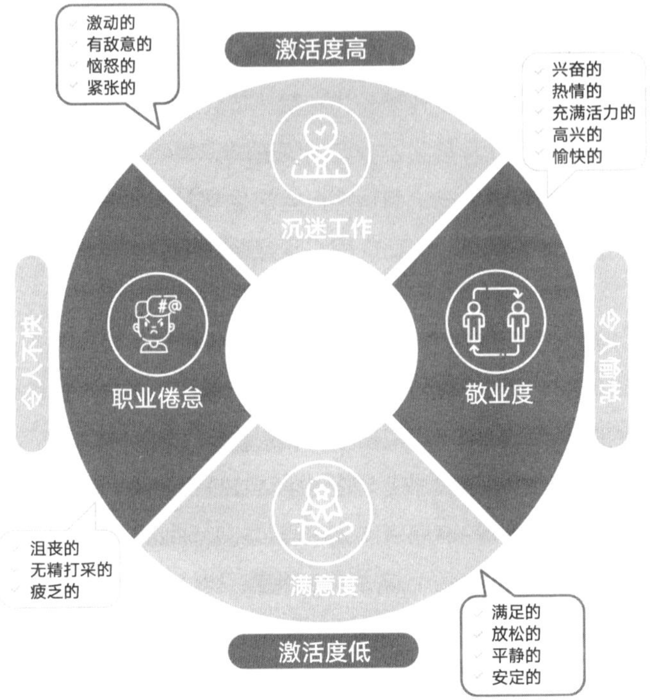

图 7-2　不同团队的特点

领导多代际团队，推动跨代合作

在疫情时期，学习如何带领合作型多代际团队将变得更为重要。全球各国的疫情防控措施不断变化，使得代际差异更加明显。企业被迫采取分散运营模式，要求员工居家办公，同时也要为年龄和资历各异的员工解决顾虑。在 2020 年上半年，许多人力资源管理人员告诉我，最大的阻力来自以婴儿潮一代和早一批 X 世代为主的管理者，他们适应了传统的工作环境和办公室组织形式，担心新的安排会影响工作效率。而有些管理者在之前可能已经习惯与虚拟团队共事，或给予员工更多的工作灵活性，因此能够迅速且轻松地适应新形势。

较为传统的老员工要快速进入角色，不仅得习惯早上 9 点没有团队成员来办公室工作，而且需要应对另外两组挑战。第一组挑战与技术相关，即需要学习使用虚拟化工具和远程系统设置的方法，要习惯用视频会议取代面对面交流。第二组挑战则与隐私相关。如前所述，婴儿潮一代和 X 世代在职业早期就学会了在职场中保持谨慎，尽量不主动透露个人信息，把私生活与工作分开。突然之间，他们的隐私被“公之于众”：员工能看到他们身着休闲装的样子，能看到他们家中的环境和镜头中闪现的家属，这是令很多老员工感到不适的主要原因。在线上会议期间，他们可能会穿着较为正式的服装，一直坐在一面白墙或者精心布置的素色背景前。

另一方面，千禧一代和 Z 世代习惯于在社交媒体平台分享个人生活。他们做的事情、约会的对象、去的地方、吃的食物、买的东西、消遣的方式都是可以公开的信息。他们不介意展示真实的自我，当然精心修饰过的自拍照除外。他们在参加视频会议时抱着笔记本电脑在家里走来走去，进入厨房，拿瓶饮料，打开门，经过凌乱的客厅；或者在突然加入会议时让孩子坐在腿上，然后向同事们介绍自己的孩子，这会使X世代和婴儿潮一代心生不快。有些读者也许记得2017年罗伯特·凯利（Robert Kelly）教授看到两个孩子闯入他与英国广播公司的现场连线画面时的反应。

仔细想想，各代人对于暴露私生活这件事的接受程度不同，这是他们的主要区别。现在，甚至连电影明星和著名歌手都直接在家中与观众进行视频交流，没有临时舞台，没有妆容，没有准备。我们以前很难看到名人以这样的姿态出现，那时，他们的每一套装扮都经过精心设计，只为凸显他们最光鲜亮丽的一面。

客观上说，尽管病毒感染给人们带来了痛苦、伤害和不适，但它对于多世代员工团队来说或许是一个好机会。企业要想生存下去，实现永续经营，就必须进行数字化转型。突然之间，企业可以推行使用各种沟通和协作工具。婴儿潮一代除了适应别无选择，他们意识到：在线上完成工作，把工作融入生活，同时处理多项无关联的任务，在任何地点保持高效工作，这些技能不仅是一项优势，更是一种本领，尤其在疫情期间，这更是员工急需掌握的技能。同时，年长的管理者们迈出了自己的舒适圈，采纳了新技术，在年轻员工眼中，他们变得更有人情味、更平易近人，这为新老两代人建立更加深刻和有意义的关系奠定了基础。简而言之，病毒感染“迫使”老一辈掌握了继续实现职业发展所必需的技能。

最后，虽然目前还没有人知道未来的工作会是什么样的，但可以肯定的是：人力资源工作不会恢复到以往的样子，现在的状态将会成为新常态。并且这一次，老一辈将像年轻人一样主动要求变革，并推动变革。

变革的动力主要来源于两类人：一类是一些老员工，他们居家工作了若干个月，不用出差，有机会重新认识多花时间陪伴家人的价值。他们在职业生涯的大部分时间里没能充分享受天伦之乐，因此不太可能再次放弃这种生活。另一类是较为积极进取的管理者，早在之前，他们就与团队成员和同级同事保持着良好的线上互动关系。他们将鼓励并支持更多的员工居家办公，以节省通勤时间，提高工作效率。当然，千禧一代和 Z 世代一直以来主张工作应当更加灵活，现在，他们终于能为“在任何地点和时间都可以完成好工作”的观点提供有力证据。

为了证明这一点，2020 年 7 月，西门子宣布了一项决定，允许员工每周远程办公两到三天。时任西门子副首席执行官兼劳工事务董事博乐仁（Roland Busch）说，这些变革与一种新的管理方式相关，企业开始更加关注员工的工作结果，而非出勤率。“新型冠状病毒危机促使数字化高速发展。移动办公一直是西门子的工作模式，但现在我们要采取更多措施。要想用好这种前瞻性的工作模式，我们就必须进一步发展企业文化。这些变革与一种新的管理方式相关，我们会更加注重工作结果，而非工作时长。”博乐仁在 2020 年 7 月 16 日举行的一场新闻发布会上说，“我们信任员工，让他们自行决定工作的发展方向，以达到最佳结果。我们采用新的工作方式，激励员工，同时提高企业业绩能力，凸显‘灵活且宜人’的企业形象。”

2020 年 10 月，微软也宣布允许员工永久居家办公，甚至考虑批准可以远程办公的员工搬迁到其他城市或者国家。

西门子和微软敢为天下先，必然会有其他企业追随它们的脚步。新冠肺炎疫情加速了数字化工具应用，许多企业寄希望于借助这一机会加快数字化进程，团结员工，降低沟通的正式程度。

除了灵活性以外，全球的企业自 2020 年初新冠肺炎病毒大流行以来还面临一项当务之急：向员工表达同理心，关心员工健康。每个人的具体情况不同，他们在各种隔离措施下的居家办公体验也千差万别。

独居的人可以把更多的时间投入工作、上课、阅读和个人发展中，但也得面对寂寞和孤独。有伴侣无子女的人拥有了更多的个人时间，但当两个人完全依赖彼此，而且没有其他情感宣泄的出口时，他们可能也会遭遇问题。而那些幼童的父母只能勉强完成日常工作。他们既要照顾子女，支持子女居家学习，还要确保子女的身心健康，他们难以适应新的生活秩序、完成基本的工作量。

突然之间，企业不再有可以遵循的标准和指南，只能对员工表达同情和理解，并给予他们更多的灵活性。

2020 年 4 月，在新加坡采取熔断措施几天后，星展银行迅速做出回应，发起了群策群力行动，该企业利用这一整体方法表达对员工的关爱，提高员工敬业度。星展银行在如此短的时间内推出了多项新举措，我对此感到极为震惊，于是联系了该企业的相关人员进一步了解情况。通过与星展银行人力资源部门首席运营官吴应元（Ng Ying Yuan）交流，我了解到星展银行决定在企业内发起员工行动的原因在于，该企业认为，随着家庭和职场的界限变得模糊，有些员工在应付各种互相冲突的要求时无法集中注意力，他们可能会感到焦虑，并非所有人都能自然地应对日常生活中的这些变化。这一举措的目的是使不同年龄段和人生阶段的员工紧密联系，投入工作，鼓励员工关爱彼此，激发员工重新设想和创造疫情后的发展机会。群策群力行动包含以下 4 大主题系列项目。

- **采取新的行为和工作方式。**考虑到各个团队的工作地点不同，星展银行设立了新的规范，以营造一种充满尊重且高效的数字化工作环境。该企业推出了一项沟通计划，为员工提供关于顺利适应新工作安排的建议，例如，如何整理家中的工作角，如何建立新的工作习惯；指导管理者更好地在线上调动团队成员的工作积极性，为他们提供关于增强团队士气的可操作建议，引导他们隔着屏幕培养对员工的信任和理解。

- **实施新工作安排与建立社交网络双管齐下。**为了避免由于缺少线下聚会或面对面交流机会而影响团队凝聚力，星展银行引入了新方法帮助员工建立专业信任。该企业鼓励所有员工使用其视频会议平台保持社交联系，并组织线上团队聚餐、团体健身活动以及“非正式约会”，目的是把兴趣相同（如喜欢动物、美食或慈善事业）的各年龄层员工聚集在一起。该企业还鼓励经理培养新的团队习惯，庆祝具有积极意义的重大事件，从而引领变革。
- **关心自己和同事的健康。**星展银行认为远程办公会对员工的身心健康造成负面影响，因此提醒员工照顾好个人健康，并在企业内营造一种互相关心和爱护的文化。星展银行向所有员工分发了爱心包裹，内含外科口罩、洗手液、体温计以及维生素 C 补充剂。该企业组织了以“疾病大流行背景下的健康与福祉”为主题的网络研讨会，免费为员工提供正念软件和心理咨询，还发起了一项健康挑战，鼓励所有人管理好自己的身心健康。
- **发挥现有条件的积极作用，为本企业、客户和社区开发创新性解决方案。**星展银行支持员工主动发起变革，在疾病流行期间，该企业组织了内部创新挑战赛，并且让员工向疫情暴发以来坚守在一线的医护专业人员分发免费的爱心包裹、健康零食、午餐便当、咖啡和冰激凌，以服务更广泛的社区。星展银行设立了 1 050 万新加坡元的“星展银行展爱同行专项基金”（DBS Stronger Together Fund），让员工向新加坡的老年人、低收入家庭以及外来劳工捐赠食物，并兑现所有的员工餐承诺，以扩大员工捐赠行为的影响力。

最后，星展银行认为，企业有必要帮助各年龄层员工理解更宏观的经营环境可能带来的冲击，并鼓励员工为自己投资。2020 年 4 月，星展银行举办了“学习分享教育 · 群策群力节”（LearnShareTeach TOGETHER Festival）活动，鼓励所有员工进行数字化学习，掌握新技能，通过分享知识和经历与同事保持联系。同年 7 月，该银行发起了“未来展望周”（FutureForward Week）活动，开展了一系列由思想领袖主持的网络研讨会和线上工作坊，目的是帮助员工更好地理解疫情背景下的宏观趋势、挑战和机遇，为员工提供关于如何制胜未来的可操作建议。

REFRAMING GENERATIONAL STEREOTYPES

第三部分

构建多代际卓越团队

夫未战而庙算胜者，得算多也；

未战而庙算不胜者，得算少也。

孙子

导读　建设代际合作文化

在前面的章节中，我们探讨了有效管理多世代劳动力何以变成企业的一项关键要务，也了解了塑造各世代的力量与产生代际冲突的原因。接下来的几章将介绍代际合作文化的建立方法，以及一流的国际企业为弥合代际鸿沟所采取的措施。

协调多世代劳动力的第一步是承认并接受以下 4 项要点。

- 代际多样性真实存在。虽然每个人都是独一无二的个体，但我们也必须认识到刻板印象的存在是有道理的，它使我们更加了解自己和他人。只有承认并接受差异，才能发挥各代人的优势，打造真正能够推动创新的多代际团队。
- 代际冲突真实存在。尽管员工不公开讨论这个话题，但如果企业不解决这一问题，就难以营造团结、协作、高效的工作环境，这也会对企业与客户、合作伙伴的关系造成不良影响。
- 代际冲突的根源是各代人对彼此的背景知之甚少。年轻员工跟经理“唱反调”，老员工对年轻人感到不满，这是因为新老两代人都没有意识到，正是由于他们成长于不同的历史、政治和社会环境，才对彼此的行为和思维方式强烈不满。
- 就代际合作而言，最重要的 5 项能力是观点采择能力、好奇心、同理心、感知力和谦卑心。但学校极少培养这些能力，多数企业也几乎没有采取任何措施帮助各世代员工掌握这些能力。这种情形会带来诸多不利，因为如果员工不愿意或不能够换位思考、理解并体会他人的感受、察觉自身行为对他人的影响、承认他人的意见值得倾听，那么弥合代际鸿沟就会成为一项不可能完成的任务。

企业要真正地承担起营造代际合作文化的责任。根据《职场中的XYZ世代》所提到的，在各年龄层员工中，94%的人认为代际多样性很重要，应当被纳入企业的多样性与包容性议程中，但75%的人表示自己所在企业在这方面没有或几乎没有任何意识和行动。这组数据与另一组调查结果相符：仅有25%的人力资源管理者认为自己所在的企业坚定地维护代际多样性，34%的人力资源管理者认为企业对该议题的态度是“不闻不问”。

> 以个人和某一代人为单位进行反省和思考练习，开展以“弥合鸿沟”为主题的代际对话，组织协调活动，这些都能帮助我们找出代际差异，探索各代人的趋同之处，确定共同的代际行动。
>
> **来自菲律宾的婴儿潮一代**

REFRAMING GENERATIONAL STEREOTYPES

第 8 章

欣赏代际差异，构建多代际文化

只要我们不给“年轻”或
“年长”赋予消极含义，
它们就不是负面词汇。

The words “young” or “old” only
have a negative connotation if we
attach one to them.

认识、理解、拥抱并赞美代际多样性

我有一个观点贯穿本书：强迫人们接受“人和人没区别”“世代无关紧要”“人就是人”的观点绝不是代际冲突的解决之道。的确，这在理论上听起来很省事，但忧虑、不安、不和、误解以及怨恨不会因为有人认为它们不存在或不该存在而消失。事实上，它们是真实存在的，在过去二十多年间，我与有多世代职场工作经验的人对话，每一次交流都清晰地暴露出以上问题。面对代际多样性，不逃避问题、直面解决是成功的关键，我们应当接受它，探索它，理解它，适应它，然后利用它。

在千禧一代之前，几乎没有人想被人贴上“有个性”的标签。过去，人们忌讳谈论多样性，害怕遭到歧视。2006 年，我在写一篇关于多样性与包容性的文章时开始关注一项调查的结果，该调查的受访者超过 15 万名，是来自美国和亚洲的大学生，前几个调查问题中有两个是“你属于哪个民族”和“你能为企业带来何种独特的特质”，选项涉及个性化思维或文化背景、是否残疾、年龄以及民族。绝大多数 X 世代受访者选择了“不便透露”这一选项，他们拒绝把自己归入任何类别。

但在 2007 年至 2009 年间，这一切都变了。处于学生阶段的千禧一代在回答同样的问题时，不仅积极地强调自己的独特个性，而且强烈要求进行多选，还主动给出了附加选项。有一位学生在回答民族问题时选择了“其他”选项，并写下了“我是非洲裔美国泛澳大利亚犹太人”的答案，这令我终生难忘。重点是，千禧一代把多样性转化为了一种优势，因为他们能坦然且全然地接受自己的真实身份，没有顾虑，不惧议论，视自己的独特个性为“加分项”，而非“减分项”。

> 大体而言，应对代际多样性的关键是营造具有包容性的企业文化。提出一项倡议是远远不够的，要让代际多样性成为企业文化的一部分，在所有内部沟通中谈论这一话题，开设便捷的非包容性行为汇报渠道，使员工不用担心遭到报复。为所有员工提供强制性培训，开展特殊项目和活动等以支持具有包容性的企业文化……这些措施将共同产生重大影响。
>
> **来自瑞典的千禧一代**

我们现在应当敞开心扉，为代际多样性感到骄傲。我总能听到人力资源管理者说他们在谈论世代时从不使用“较年长”或“较年轻”的说法，因为他们担心员工会介意。但世代本不就是划分长幼的标志吗？我们必须牢记，只要我们不给“年轻”或“年长”赋予消极含义，它们就不是负面词汇。**如果我们不在意“年长”或“年轻”，认为两者各有千秋，那么我们就能把更多的精力放在欣赏差异而非回避差异上。**

代际意识的重要意义

在写作本书时，我开展了一项调查，请各年龄层员工回答“你认为企业应当如何应对和帮助解决代际冲突”这一问题。绝大多数人认为企业应当行动起来，帮助员工在轻松的非正式环境中产生好奇心，增进相互了解，从而设法弥合代际鸿沟。

培养跨代意识的最佳方式是训练所有员工理解各代人的思考方式、工作方式以及对成功的定义。我为各种类型的企业举办过数百场研讨会，从大型跨国企业到规模较小的家族企业，从传统行业到科技公司，无所不包，我带领与会者们回溯过去，了解每代人的行为和思维模式背后的原因。在这个过程中，有一个问题逐渐清晰浮现：每代人都在某些方面有被误解之感。管理者可以谈论多样性，阅读所有关于有效的管理方式和冲突管理的图书，但如果他们想协调多世代劳动力之间的关系，就必须为不同年龄层员工提供一个可以公开了解彼此的平台。如此一来，偏见将会减少，包容度将会增加；这将有利于避免员工意气用事，使员工在互相交往时更加谨慎。

保持谨慎是基础。人们对千禧一代和Z世代最常见的抱怨是“他们过于自信，目中无人”。婴儿潮一代休·戴（Sue Day）是宝利通（Polycom）亚太地区前高级营销总监，她认为这种表现会导致年轻人在工作中与老员工和外部客户产生摩擦。“我们有许多年长的合作伙伴，他们事业有成，经营着自己的公司，有几十年的从业经验。我们是一个小型团队，因此有些年轻员工必须负责与公司的合作伙伴以及销售团队交流；我们发现有必要认真地指导年轻员工掌握正确的工作方式，否则他们就可能被认为是‘不知天高地厚的年轻人，对行业了解不足，对资深专业人士的工作指指点点’。可以想象，这项工作的进展并不顺利，在年长者理应得到尊重和名誉的市场中尤为如此。年轻员工刚进入企业时期待获得独立和自我表达的自由，我们下了很大的工夫才让他们了解到如何与老一辈交流，帮他们认识到培养感情、建立信任以及温和且委婉地向客户传授各种营销技巧是多么重要。”为了应对这一挑战，宝利通制订了一项严格的入职计划，为每位新员工安排一个搭档，指导其适应企业并与来自不同背景的企业内外部人员交流。

感知力在千禧一代和Z世代与老一辈的沟通中发挥着举足轻重的作用。从这些年轻人入职起，企业就很重视他们的想法，允许他们直接接触高级管理者，参与重要项目。一般而言，婴儿潮一代和X世代要花费数年时间才有机会为企业做出重大贡献，与企业高管零距离接触，他们在职业生涯的早期没有主动发言的权利，多数年轻人对此一无所知。因此，千禧一代的尾巴和 Z 世代理所当然地把资深员工当作同龄人一样相处。他们为人直率，极具自信和野心。很多时候，年轻人的这种表现会激怒老员工，反过来也会使年轻员工更加认定老一辈抵触改变、妄自尊大。年轻人的干劲给老员工造成了巨大的压力，老员工强硬的外表下往往隐藏着他们对于被时代淘汰的恐惧感。而一旦年轻员工意识到这一点，他们在与老员工交流时就更容易保持理智，也会更加认可老员工多年的从业经验。

“婴儿潮一代作为年轻员工时无须提出自己的见解。今天，每个员工都应当建言献策，否则创新就无从谈起。我们完全忽视了婴儿潮一代的过往经历。同时，我们受益于一个特殊的经济时期。摆在我们面前的是前所未有的职业机遇，许多千禧一代也许认为自己没有获得同等的机会。我相信在未来，他们会拥有至少与我们同等的机会。尽管这个问题与婴儿潮一代相关，但我感觉千禧一代应该从自身找原因。婴儿潮一代为在事业上取得成就做出了各种牺牲，譬如长时间地工作、纳税等，如果千禧一代了解了这些，他们也许就会改变自己的看法。”婴儿潮一代肯特说。

由此可见，帮助初入职场的年轻人尽早了解婴儿潮一代和 X 世代独有的思维模式，以及使老一辈了解千禧一代和 Z 世代，这两项工作都极为重要。

因此，塑造合作型多世代员工团队的第一步应当是确保员工相互理解，婴儿潮一代、X 世代、千禧一代以及 Z 世代缺一不可。企业应当为员工提供机会，使他们了解常见的世代行为背后的原因和背景，理解各代人的细微差别，并且充分利用自身优势，以此促使员工换位思考、互相尊重。简而言之，不要对棘手的问题避而不谈，而要正视它、解决它，一起讨论它，甚至拿它开玩笑，直至所有人都愿意卸下防备，耐心地倾听彼此的心声。“关键是要营造轻松愉快的氛围。得找到一种方法，让大家无所顾忌地谈论自己，用一种聊八卦的幽默感解释与代际鸿沟有关的有趣场景。”一位来自南非的 X 世代说。

有必要保持开放、不设防的管理态度，再掺杂一些良好的幽默感。我曾与一位婴儿潮一代同事共事，他热衷于使用自嘲式幽默，拥有优秀的人际交往能力，成功地消除了许多代际隔阂。

来自印度的婴儿潮一代

有种种方案可以帮助各年龄层员工建立联系，使他们发自内心地站在彼此的角度观察世界。其中包括代际意识研讨会、工作坊、培训课程、共享平台、首席执行官和人力资源总监圆桌会议、同侪支持团体、团建活动以及共享工作空间。不管采用哪种形式，成功的要诀是确保企业培养员工的好奇心，使员工建立非批判的态度，让员工在一个安全的空间里提问、分享经历，并且无须为等级制度、办公室政治或批评言论而担忧。

代际意识研讨会

如果你的目标是在整个企业内部广泛培养代际意识，那么所有员工共同参与的代际意识研讨会就是最佳形式。它能非常有效地帮助员工了解影响每代人成长的历史、社会经济以及文化背景，并且重点关注目前职场代际冲突背后的原因。如果各代员工能同时获取相同的信息，暴露自己的优缺点，并且加入同一场对话，那么人人都能相互理解，没有人会遭受指摘。最终，大家都能以全新的眼光看待彼此，建立更加密切的联系，更好地理解别人，也被别人理解。

> 可以借助与各代人对话时积累的案例，用跨代谈话的方式提出对于代际差异的观点，这将是一个很棒的起点。
>
> **来自日本的婴儿潮一代**

2019 年，我为一家大型私人银行开办了一次代际意识研讨会，与会者包括家族企业的未来接班人和银行职员。活动结束时，许多千禧一代如潮水般向我涌来，他们说自己第一次理解了父母和老板的某些行为背后的原因。在那之前，他们认为自己被针对，很多人甚至正在考虑离职或放弃家族企业。这次活动刷新了他们对父母和老板的认识，他们愿意再试一把。有些人还邀请我为他们的父母和老板组织同样的研讨会。几个月之后，有十几个人联系我，说自己所在企业的代际动态发生了变化，他们终于能公开讨论代际差异，并且建立相互尊重、理解和合作的关系。

企业可以为婴儿潮一代与 X 世代，千禧一代与 Z 世代单独开办代际意识研讨会，当有新一批实习生或应届毕业生进入企业时，这些研讨会能产生极佳的效果。在这种情况下，企业还可以为部门经理召开一次研讨会，使他们了解自己和新入职员工对彼此的合理期待，同时为实习生和应届毕业生举办另一场会议。事实证明，这能大幅提升员工对于培训课程的满意度和积极性。

“我们要发现每个人的看家本领以及代际差异的重点，这样大家才有可能在工作中扬长避短，营造一种知识互通型学习环境。重点是不要让新老员工成为彼此的复制品，而要让他们各显神通。下一步工作就是建立反馈循环和评价体系。”

来自保加利亚的千禧一代

工作坊

虽然代际意识研讨会能有力地体现企业对代际多样性的重视，并解决代际差异、促进代际理解，但这只是第一步。如果想打破怪圈，促使员工以开放、真诚的全新姿态开展交流，就要请专业人员组织小型团体会议，让各年龄层员工齐聚一堂，排解心中的不满和忧虑，实现自己的愿望。

管理者也许会担心，强迫员工开诚布公地探讨代际议题无异于打开潘多拉魔盒，但如果引导师能正确地引导，这样的“正面冲突”将会极富乐趣和成效，不仅不会引起参与者的反感，还能为大家带去好心情。在工作坊这一“勇敢空间”里，员工可以展开热烈的讨论，而不会陷入争吵之中。

如果企业能组织员工开展有序的对话，分歧、冲突和观点争论将会产生积极的成果。引导师要注重以结构化的方式寻找相似性、拓宽视角，同时要感受群体动态，为参与者扫清障碍。

半日工作坊议程如图 8-1 所示，以供参考。

要对沟通的过程进行管理，以确保大家公平、平等地参与讨论，这样内向者也可以轻松、低调地发表意见，使每个人都感觉自己能够打破常规并与他人坦诚相待。

9:00—10:00	10:00—11:00	11:00—12:00	12:00—13:00
·议程 ·破冰 ·期待与担忧	排序练习： 我们现在 / 马上 / 以后要解决哪些问题	问题解决练习： 设想行动路径，以缓解我们正在讨论的问题	绘制路径导图练习： 我们现在 / 马上 / 以后要做些什么
构思练习： 我们面临哪些问题 组员在小组内分角色模拟解决问题，提出不同的观点，然后探讨	深入研究问题（从“为什么”的角度） 小组讨论： 问题产生的原因有哪些	完善解决方案说明，并对照现有活动计划和潜在活动计划对说明进行检查	讨论潜在的路径活动和阶段 讨论即时措施 每个人承诺用有别于他人的方法完成至少一件事情

图 8-1　半日多世代工作坊议程范例

以我对多世代小组的了解，设计思维是解决代际冲突的最有效的方法。过程包括对各方共同议定的问题和解决方案反复进行双钻石模型“发散-收敛”思考。引导师帮助参与者相互了解，发现问题，依据重要性对问题进行排列，深入研究并重构问题。培训师使用各种视觉辅助工具和共享工艺品来组织和引导对话，鼓励所有人参与讨论。共享工艺品代表了群体性记忆，能起到定位作用，使“人与人之间的交流”转化为“集体心智模式诱导”。如此一来，参与者会认为他们成功地解决了问题并且共同构建了一些事物，这将进一步提高他们在活动中的参与度。

在多世代工作坊中，各年龄层员工组成混合小组进行练习，大家可以分享自己的背景、经历和希冀，这能有效地帮助我们理解各自的不同见解、看法、价值观、信仰、思维模式以及心态。

来自中国香港的婴儿潮一代

“在多世代职场，体谅之情似乎被冻结，就像布满冰山的大海，人们根据表面的现象形成见解，却无视隐藏在深层的事实。设计思维是一种以人为本的方法，它要求我们从换位思考开始，透过现象看本质，对问题达成共识，摒弃惯常的思维方式，更加深入地了解他人。如果处理得当，这将是促进理解和行动的有力手段。如果企业把握不好这一点，就会面临灭顶之灾。”新加坡创新者公司（Innovator）负责人兼专业引导师乔恩·赫尔（Jon Hoel）如是说。

年龄是一项可以帮助确定员工个性的指标，DISC 性格测试、MBTI 职业性格测试、盖洛普优势测试等心理测量工具也能起到很好的补充作用。企业可以依据测试结果对员工进行分组，寻找员工在思想和价值观方面的相似之处，帮助人们更好地了解、欣赏和利用各代人的集体优势。在引导师的专业指导下，工作坊的参与者可以在短时间内明确问题所在，并且获得相互理解的积极感受。但是，为了使工作坊继续发挥作用并且持续发力，企业需要坚定地实施活动计划，包括诊断、培训、辅导以及附加会议。

培训课程

> 第一步，洞察问题：
> 是否有问题？
> 是谁的问题？
> 问题是什么？
>
> **来自新加坡的婴儿潮一代**

培训课程能为多代际团队提供有力支持。它不仅能解决问题，还可以帮助员工反思并有意地改善协作方式。"（认知层面的）教学就有这样的作用，尤其对于我们人类来说，情感可以调控行为，尽管我们一般不愿意承认这二者之间有如此紧密的联系。有几种方法可以帮助人们转变这种观念，进而完成独立思考和探索，培训课程就是其中之一。有些人确实花时间'反思'，他们认为自己可以私下里完成任务。虽然个人反思对所有人来说都很重要，因为我们要与他人共事，但是原因追溯型反思几乎无法带来有益的行为改变。多数时候，这种反思只会固化我们对自身和他人的偏见和判断。培训课程也能帮我们避免这种情况。"罗宾·E. 威尔逊博士说。

企业可以针对不同的情况举办不同类型的培训课程，最有利于促进代际合作的培训课程包括以下两种。

- **个人培训（多代际团队中的一个人参加培训）：** 个人培训的目标是为受训员工提供支持，帮助他们正视并处理好自己的臆断、反应、挫折和选择。教练首先要确认员工的内心有安全感（这是关键的一步），然后提出相关的开放性问题，目的在于鼓励受训者自己理清头绪。教练为他们提供的是空间、时间和支持，而非直接的建议和看法。培训课程这一方法的前提是我们无法改变他人，因此，为了使关系动态好转，我们就必须努力改变自己。
- **团体培训（多代际团队作为一个整体参加培训）：** 在这种培训中，团队的所有成员被视为一个整体，培训的目的是帮助他们发现共同目标以及利益相关者的需求和期待，了解如何规划自己的工作、如何以最佳方式共同工作和学习。在培训活动中极有可能产生代际冲突和矛盾，资深教练能够控场，防止危险发生，使讨论顺利进行。

在团体培训中，“钢铁人练习”是改善代际沟通和理解的有效方法。这是一种移情练习，团队成员不得曲解、误解或片面地理解他人的看法（即犯“稻草人谬误”）并以此为基础对他人的观点和辩驳提出假设，教练会要求大家按照自己的理解重新描述讲话者的本意，直到讲话者本人满意为止。然后对话继续进行。这种方法耗时较长，但可以让受训者更加深刻地理解彼此，并且打开团队的沟通渠道。

为了使团体培训奏效，团队负责人应全程在场并积极参与其中。“虽然一位好的教练可以把培训工具和过程交给个人或团队，便于他们重新评估自己的发展需求，确定需要继续努力改进的新重点领域，但是培训能否获得成功取决于老板能否持续为团队提供辅导并提出好的反思问题。毋庸赘述，如果老板不愿意接受代际差异，有先入为主的观念和偏见，甚至不具备与各世代同事共事的能力，那么一切都会很快打回原形。企业文化决定了这一切的成败。说到底，高层管理者的所为（或所不为）真正界定了企业文化的底线。”罗宾博士如是说。

共享平台

分享是感情的基础。雇主需要展现对代际多样性的支持，方法是为各世代员工提供一个平台，让他们有机会在休闲、轻松的环境中谈论自己的经历，向别人详细解释自己的思考过程，并互相提问。我与Z世代和年轻的千禧一代进行过多次对话和访谈，他们不约而同地提到了自己想了解资深员工，尤其是关于他们成功和失败的故事，以及其他相关的真实事例。例如，“当我在你这个年纪和位置时，我第一次打销售电话，简直吓坏了！”但遗憾的是，很少有人会在正常的商务场景中讲述这些故事。许多千禧一代说自己经常尽力去接触年长的同事，想了解他们、向他们学习，但他们的肢体语言给人一种“不好接近”的感觉。这种现象在亚洲尤为普遍。“他们的面部表情和看人的眼神仿佛在说‘别来烦我’。太遗憾了，在正式培训以外，我们还有许多关于工作和生活经验的问题想请教他们。”在一家能源公司工作的马来西亚千禧一代努鲁尔说。

“我想看到企业采取更多的措施，培养员工的好奇心，使他们真正愿意换个角度看待世界。先教员工更好地了解自己，然后让他们通过关系网了解彼此。最终，我们应当接受代际差异并且承认它的价值。”

来自澳大利亚的婴儿潮一代

“关于实现目标、管理逆境、提升内在修养、与他人和谐交往的成功故事鼓舞人心，有助于弥合代际鸿沟。”

来自保加利亚的千禧一代

老一辈也多次强调自己愿意了解年轻人的想法以及他们对不同情况的反应。但由于千禧一代和 Z 世代主要通过数字渠道进行沟通，老员工感觉自己被排除在这种由技术驱动的新型对话之外。打破孤立状态并分享每个人的故事和经历对弥合沟通鸿沟有很好的效果。

花旗支持职场的多样性，并发起了“世代关系网”这一国际项目，项目的分支机构由业务、职能、国籍和年龄各异的志愿者负责管理。“世代关系网”项目的主要目标是促进跨代理解、包容、参与和协作。该项目的中国香港办事处成立于 2016 年，每个月举办一系列线下和线上活动，旨在培养员工的分享欲、好奇心、尊重态度、创造力和同理心。以下为部分活动。

- **快速辅导。**在这项活动中，30 位年轻员工（千禧一代和 Z 世代）可以与 6 位总经理（婴儿潮一代和 X 世代）分别聊天 3 分钟，并提出一个或多个与代际认知和现实相关的问题。当每位员工都完成全部流程后，学员和导师要分享自己从他人身上学到的东西以及在交流中最有共鸣的地方。
- **跨代策划对话。**这是一项非正式的鸡尾酒活动，参与者被分成两个年龄组，即 35 岁以下组和 35 岁及以上组，两组人员分别站在房间的两侧。在主持人的协助下，两个小组互相提问，话题不限。例如，X 世代和婴儿潮一代对比 20 世纪 80 年代的编程情况和现在的数字体验，或者比较手机出现之前的生活和工作与现在的智能手机狂热现象谈谈感想。

- **讲故事。**这项时长为 1 小时的线上活动旨在说明清晰表达观点的重要性，在商务场景中尤其如此。首先要选出若干名不同年龄层的参与者，每个人有 1 分钟时间解释自己的工作内容。在这之后，听众复述自己明白或者不明白的内容，然后发言者使用语言方式、非语言方式以及些许幽默技巧再次解释自己的工作内容，直至听众理解发言者原本要传达的信息。这个方法与前文提到的“钢铁人练习”类似。

除了花旗的上述活动以外，其他的有效练习还包括团队测验、5 至 10 分钟的“这就是我”展示活动、午餐活动（分享个人故事）、开放式面对面“聊天小组”（讨论当前事件和趋势）以及专家问答活动。

专家问答活动有两种形式。在第一种问答活动中，专家小组由 4 至 5 人组成，他们分别属于传统一代或婴儿潮一代、X 世代、千禧一代以及 Z 世代。这些专家从自己的视角回答“你会如何应对这种情况”或者“你对……的感受如何”等问题。在第二种问答活动中，一组专家属于同一代人，他们得回答其他世代的同事提出的问题，比如婴儿潮一代担任专家小组成员，Z 世代、千禧一代以及 X 世代担任提问者。

圆桌会议和同侪团体

我们不仅需要通过开展非正式活动帮助员工联络感情，还应举办正式的论坛，让员工分享自己遇到的困难和忧虑，同时为合作奠定基础。举行首席执行官或人力资源总监圆桌会议就是一种高效的方法。圆桌会议，顾名思义，要求参与者围坐在一张桌子前，轮流表达自己对某个话题的看法。在圆桌会议中，所有人可以平等对话。参与者以此为跳板，继续就最佳实践、行业趋势以及其他职场问题展开活跃且饶有趣味的讨论，这有助于员工集思广益解决问题，分享宝贵知识。

企业应当定期举办圆桌会议，并设置讨论主题或者话题，由一名主席负责主持会议，最佳人选是首席执行官或人力资源总监，主席应对重大问题采取行动，并把问题反映给董事会。参与者应为职能不同的员工，每个年龄组都应派出若干名代表，理想的组合是 4 名不同世代的员工。每人就圆桌会议的指定话题发表意见。

在这种形式的讨论中，参与者可以各抒己见，他们既能调动个人专业技能，还能分享自己所代表世代的观点。此外，这种形式还能不断增进与会人员的相互信任。所有人以平等的身份为重要问题出谋划策，并且从小组共享知识中受益，同时得到倾听、收获尊重。

在圆桌会议中，参与者讨论的是与工作相关的问题，但在同侪支持团体中，来自相同同侪团体的成员可以得到更加个性化的支持和训练。同侪支持团体会议的组织性和正式程度较低，没有指定的会议主题，与会者可以与一组同龄人在安全、可靠的环境中提出问题或解决方案。

“要创造一个安全的空间，让每个人说出自己的想法，建立人脉关系，树立共同目标，找到发挥自身作用和优势的方法。”

来自美国的婴儿潮一代

“在开放式谈话中，我们努力地理解彼此。你不必认可其他人的看法、观点、思维模式，但你得表示尊重。这种行为本身就是包容。每个人可以贡献出不同的知识、观点和技能。”

来自新加坡的婴儿潮一代

团建活动

弥合代际鸿沟的另一个基本方法是在企业内建立一个强大的社交

网络，这样员工就能摆脱工作相关问题带来的压力，与同事增进私人感情。联合联谊会和团队活动能很好地帮助各年龄层人员熟悉彼此，构建一个具有包容性的社区。

花旗利用爱彼迎（Airbnb）线上体验在新加坡开展了“世代关系网”项目，发起了一系列妙趣横生的活动，目的是让员工通过平衡工作与生活尽可能地增加生命的长度，这些活动入围了该企业的“百佳”工作流。具体活动包括以下 4 种。

- **奥林匹克教练开设的身心大师课。**前奥运会选手和现任奥林匹克教练通过视频带领学员进行高强度的锻炼，随后举行分享会。
- **太阳马戏团杂技演员开设的健身课程。**马戏团人员带领学员健身，然后回答与幕后工作相关的问题。
- **威尼斯欢乐时光。**一位威尼斯本地导游直播徒步旅行。这位导游的意大利家族史可追溯至 1576 年。
- **咖啡品鉴。**一位咖啡馆总经理或国家级咖啡品鉴师引导学员学习咖啡相关知识并练习煮咖啡。

除了典型的团队午餐或晚餐之外，其他趣味团建活动包括打保龄球、轻柔瑜伽（比起团队运动，我更推荐这种项目，因为年轻人普遍精力充沛，在团队运动中占据优势）、正念或冥想练习、虚拟现实、寻宝游戏、卡丁车比赛、卡拉 OK、烹饪课、欢乐时光问答游戏、员工带父母一起上班、员工带子女一起上班、员工邀请家属参观一天的工作、实地考察和异地会议等。

密室逃脱是我最喜欢的活动之一，活动时每个年龄组派出一人，共同组成一个团队，共有若干支队伍。我对这项活动情有独钟的原因是，只有大家齐心协力地解开一个谜团，团队才能获得成功。要想逃出房间，团队成员就必须拥有不同的技能组合和思维方式，这意味着每代人必须各展所长，这样他们才能在欢乐而紧张的气氛中解决各种难题。这项活动不仅能有效地促进合作，而且经常带来一些有趣的惊喜，帮助我们更加全面地了解同事。你可能会发现某位同事注意到了其他人都漏掉的信息，最后帮助大家成功逃脱，而这位同事恰是你最意想不到的那个人！

角色扮演也是一种大家一起娱乐的好方法，各代人在活动中可以用不同的眼光看世界，因此它还有一项额外的好处，即促使人们换位思考。例如，参与者站在各自世代的角度对某种情况进行角色扮演，这不仅能制造幽默，同时也有助于弥合代际鸿沟。

宝洁（中国）有限公司每年举办“多样性和包容性周”，开展多个项目和活动以增强人们对多样性问题的意识和敏感性。其中有一项活动是打破代际界限：每位参与者抽一张卡，上面标有 20 世纪 60 年代或 20 世纪 70 年代、20 世纪 80 年代、20 世纪 90 年代，然后参与者把这张卡别在自己的衣服上。在接下来的活动中，参与者要扮演生活在该年代的人，相互交流，应对不同的职场情况。这项活动的目的是鼓励员工切换视角，摒弃偏见。

其他角色扮演类活动还有“如果你是我……”，参与者可以体验经理、团队主管、决策者、实习生一天的工作。

共享工作空间

大多数初入职场的人都缺乏多代际团队工作经验。有些办公室布局会导致员工难以与他人建立联系，有些布局则能解决这一难题。传统的办公室布局规整且实用，每个人都坐在自己的指定位置上，管理者坐在办公室里，初级员工坐在工作台旁。这种布局不利于同事之间的交流与协作，反而会严重阻碍沟通，加深代际隔阂。文化变革已经悄然来临，高层管理者现在更加致力于构建一种无等级团队和开放式领导力文化。为了应对这一转变，许多企业改变了办公室布局。现如今，许多管理者在没有玻璃和隔板的开放式办公室里工作，以表明他们希望在企业内塑造一种开放式文化。有时候，企业甚至允许员工在站立式办公桌前或者在豆袋椅上工作，在工作时播放音乐，使用白板，这些都是为了能激发员工的创造力，鼓励团体思考。

建立共享工作空间初期可能会遇到一些挑战：办公室内的噪声可能会增加，有些人可能无法适应缺少规矩的办公环境。不过除了这些小问题以外，建立共享工作空间意味着各年龄层员工有机会坐在一起，这会使办公室变成一个协作空间，大家能够互相学习，一同度过欢乐的时光。

我们还可以借助食物来消除隔阂。在与同事一起吃饭时，人们能放松自己，更自然地交流。“我的团队刚成立时，每个成员都是一副严肃的面孔，大家身着西装，坐在隔间内，幻想着拥有一间私人办公室，依据使用屏幕的数量衡量每个人的价值。忽然之间，他们变成了一群身着五颜六色服装、不修边幅且聒噪的人。他们把自己的豆袋椅、站立式办公桌、白板和音乐带到办公室，然后开始就地工作。一开始，很多其他部门的人都感到不解，但当我们推出产品并取得成果后，他们就变得喜欢来我们的办公区，或者来了解新事物，或者来听音乐、吃糖果，又或者只是来放松一下。跨部门、跨世代共享工作空间是很重要的，它把员工串联在一起，便于大家熟悉彼此。通常，双方最终都会很享受这种多样性和学习的机会。”千禧一代斯蒂芬妮如是说。她作为一家国际银行的工程师，有机会参与改造所在团队的工作空间。

共享工作空间不仅包含实体空间，还包含虚拟空间，雇主应探索新的途径，使用各种数字化工具和项目提高员工的参与度、合作能力以及沟通能力。阿德里安·塔恩（Adrian Tan）是 PeopleStrong 公司的业务负责人，他说改造沟通工具对于弥合代际鸿沟至关重要。“目前市场上有无数种沟通工具，包括 Microsoft Teams、Slack 等。但很遗憾，大多数工具都要求用户学习如何使用，而且并不完全是消费级产品。如此之多的新工具源源不断地进入我们的生活，但很少有人能耐着性子读说明书并操作这些工具。比如我就因为嫌麻烦，还没弄明白如何用 Teams 与企业外人员开会。B2B（指企业对企业的商务交易活动）产品能够反映典型消费者的想法，因此在这种情况下表现更胜一筹。Facebook 企业版（Workplace by Facebook）就是一个很好的例子，它与我们习惯使用的个人版 Facebook 没区别。”

企业必须注意采用先进的协作技术举办工作坊和会议，同时要培养员工的相关技能，确保他们可以有效地运用新流程和新工具。

积极主动构建多世代卓越团队

由于企业员工的年龄多样性逐渐增加，企业应当积极主动地构建和谐且目标统一的团队，培养员工相互尊重的意识，提高工作效率，推动创新。员工在平等、安全且透明的环境中并肩作战不仅有利于协同决策，也会因此而更加认同和尊重彼此的优势和智慧积淀。

“如果我有机会给企业提一条关于如何弥合代际鸿沟的建议，那就是打破论资排辈的风气，取消职务头衔，一视同仁。各代人优势互补，多样的技能对于解决问题来说是必要的。”

来自泰国的 Z 世代

一个好的管理者能在各代人之间充当联络人，采用透明、包容的管理方式为所有员工赋能。管理者在团结下属时很难保持绝对公平，因为每位员工的年龄、期待以及沟通方式各不相同。关键是要营造开明、包容的环境，让每个人都拥有话语权。我们要承认并利用各代人的技能和本领，以实现团队的共同愿景，每位员工会因此而感觉自己的付出得到了他人的认可。这其实就像体育运动一样，**一个队伍要想获胜，队员就必须立足于自己的位置发挥强项。**下一步是鼓励协同决策，同时建立一个公平、透明的绩效评价体系，以目标为导向开展工作，让每个人的努力都得到认可。另一个重要策略是让员工在办公场所之外的环境中聚集在一起，培养他们的团队精神，促进员工相互理解。

婴儿潮一代贡萨洛·鲁伊斯·卡拉韦拉（Gonzalo Ruiz Calavera）是西门子全球人力资源总监，他成功打造了一支拥有多元文化背景的多世代卓越团队，该团队以前所未有的速度实现了颠覆性创新。与贡萨洛聊天时，我发现他具备协调多元团队的能力，因为他能阐明构想、享受乐趣、打破界限、促成共识、灵活处事、利用各代人优势、奖励团队成功。

2015 年，贡萨洛接受了一项挑战，即对企业的全球人才招聘工作进行彻底变革，以适应未来人才的需求。他明白，随着技术不断发展、人口结构变化、竞争愈加激烈，企业必须采用全新的方法去发现、招聘、培养和留住人才。面对如此艰巨的任务，贡萨洛知道成功的关键在于他能否摆脱从众心理，让针锋相对的员工齐心协力。如果他想实现真正的创新，他就需要一个多国籍、多文化、多职能、多世代的团队。

团结世代、国籍、文化背景、业务专长各不相同的员工是一件艰难却有意义的事情。贡萨洛不得不花费大量时间管理变革过程，以确保该生态系统的各部分相互契合。

贡萨洛的首要任务是清楚地阐明他的构想。他认为成功是团队的“黏合剂”，因此他要保证团队的每位成员都理解自己的职责。他说：“说到底，谁不想获得成功呢？”对于贡萨洛来说，成功不只是达到目标，更在于享受过程。为工作增添乐趣并不会使员工分心，反而能调动积极性，最重要的是能加深员工之间的感情。“我想让大家愉快地工作！”贡萨洛说，“我们将颠覆现状，这一定会是一次有趣的经历。因此，我很关注团队的国际化程度，强调在跨文化环境中工作的乐趣。食物是很重要的一方面，我们会去品尝各种食物。我们在国外旅游时，东道国的同事感到很自豪，会为我们组织观光旅行，为我们介绍当地的文化和美食。结果证明这是一项很棒的团建活动。”

然而，不同文化背景、不同年龄段的同事在相处时必然会产生各种误会，仅靠一起玩乐无法消除误会。贡萨洛会花费很多时间和精力帮助员工理解彼此。“我观察到许多现象，其中一个是倾听者总是误解发言者的本意，这在不同世代之间表现得尤为明显。在开会时，发言者说的是一回事，而团队其他成员却理解成了另一回事。这令我很惊讶，很多时候，即使是最简单的信息也会被人误读。”贡萨洛如是说。为了避免犯此错误，贡萨洛要求在一位同事分享或解释某件事情之后，其他的团队成员进行澄清式提问以确保理解无误。令他失望的是，发言者被倾听者误解的概率达到了 50%，当双方属于不同年龄段时尤为如此。养成寻求解释的习惯极大地帮助了贡萨洛的团队达成一致，并有效地解决问题以及推进项目。

贡萨洛面临的下一个挑战是让员工发挥主观能动性，共同规划最佳发展道路。“我得用大量的时间向团队成员解释，我不希望他们来向我寻求指引。我说，我会给他们提出问题，但我不会告诉他们解决办法。我想让他们理解：我们应当共同努力规划发展道路。”为了鼓励团队成员一同寻找解决方案，而不是陷入竞争中，贡萨洛聘请了一位外部教练。“起初，我尽力地亲自辅导他们，但他们以为我掌握着绩效评估权和提拔权，因此一直努力地向我证明自己的思维方式和项目执行计划是正确的。但我需要他们明白做法没有对错之分，我们得让每个人都发表观点，大家一起判定‘对’和‘错’的含义。”

外部教练主持的课程还有一项优势，即为员工提供一个可以宣泄沮丧情绪的平台。稍过一会儿，员工们就能敞开心扉，暴露自己的弱点，理解其他团队成员的难处，并进行真诚的交流。“从一开始，我就鼓励团队成员对明显存在的问题直言不讳。只有当他们意识到‘真我无罪’时，才能做好准备倾听他人、通力合作。”

最后，贡萨洛不得不摒弃传统、死板、等级森严、工业化的工作方法，转而采用更加强调创新性和灵活性的工作方法。事实证明这给老一辈造成了极大的困难。拥有多年工作经验的员工往往以过程为导向，有序地分析项目结构，而年轻人习惯于并行处理和多任务处理的工作方法。留给贡萨洛完成任务的时间只有一年，他需要最大限度地发挥每个人的优势。他指望年轻人运用创新方法完成工作，最资深的员工则借助企业知识和人脉关系执行策略。几个月后，新老员工开始欣然接受与彼此共事。“现在，新老员工能相互支持，这是一次革命性的变化。年轻员工能提出新鲜、易懂的观点，有效地利用技术，思维无拘无束。老员工更了解企业面临的挑战，能运用自己的知识帮助企业找寻解决方案。他们在履行各自职责方面表现出色。项目管理并不是指按照流程顺序明确工作内容，而是关乎如何解决问题以及实现目标，当他们理解了这一点，就会开始信任彼此的专业技能，破除年龄偏见。这时奇迹就会发生！”

在整个过程中，贡萨洛强调团队成功的重要性，他谈到要实现共同进步，每达到一个里程碑就对团队成员进行奖励，不仅采用宴请或在内部社交平台上发帖的方式，还应直接与人力资源部门合作创立奖项，展示团队协作创造成功的案例。使每个人都为自己是团队的一员而感到骄傲，新老员工都能获得认同感。

贡萨洛借助多样性的力量，营造了一种安全且自由的环境，员工不仅可以分享观点，也可以分担忧虑。他鼓励团队成员一同尝试发掘协同效应。

每位管理者都可以在较小的范围内复制贡萨洛的多世代多元团队模型，以充分利用不同世代的优势。具体方法包括列出与较高层次战略相关的重要项目，打破“唯资历论”，为团队树立共同目标，让每位团队成员都有机会做出独特贡献，增强团队在企业范围内的存在感。**共同项目的优点在于所有人朝着同一个方向努力，任务被层层分解，团队成员因此可以各展其才，平等对话。**

REFRAMING GENERATIONAL STEREOTYPES

第 9 章

成功实现跨代合作的 6 个关键

一个员工的动力是他与
管理者的全部互动的直接结果。

An employee’s motivation is adirect result of
the sum of interactions with his or her manager.

关键 1，转变高层管理者的思维模式

美国诗人老奥利弗·温德尔·霍姆斯（Oliver Wendell Holmes Sr.）说过："一个被新思想扩展了的头脑，不会再恢复到其原有的维度。"

贡萨洛是一个天生的团队管理者，他能力超群，擅长激励人心，与年轻人相处融洽，利用自己的职权为员工赋能。人才培养已成为每个企业的重点关注议题，许多资深员工备感压力，不得不适应突然的转变，服从于新的管理者，遵守新的人员管理标准。但说实话，过去没有人期待管理者能像现在这般"关心"员工。婴儿潮一代和 X 世代作为劳动力市场中的主力军时，管理者的工作就是管理团队，善待员工并不属于他们的职责范围。

几乎所有的权威人物都曾以这种形象示人。想想学校的老师和校长，他们在工作之外也许待人友善，富有同理心和幽默感，但学生则认为他们非常严厉，令人生畏。直到千禧一代登场后，激励、赋能和培养员工才变成了管理者的分内之事。

如果资深员工没有深刻领会牢固且健康的管理者-员工关系对于企业的重要性及其构建方法，那么他们在管理年轻员工时便注定会失败。为了满足资深员工的需求，大多数雇主为他们提供了领导技能培训。尽管掌握谈判、控制和冲突管理的艺术至关重要，但这些是远远不够的。第一步应当是鼓励并推动思维模式变革，这也是最关键的一步。

伟大的管理者都是愿意率先调整思维模式的人。只有做到了这一点，他们才能真正地理解并激励自己的员工。

来自印度尼西亚的 Z 世代

我们站在大多数现任高级管理者的立场上思考一下。他们在职业生涯的大部分时间里被告知应当行使权力，理性处事，要求员工尊敬和顺从自己。然而，在接近职业生涯尾声时，他们却不得不塑造这样一种形象：待人友善，擅长鼓励员工，有同情心，体贴周到，善于交际，每周花费大量工作时间指导和培训员工。在当今社会，员工不再被视为下属，他们是与管理者同等重要的企业成员。这就要求管理者们向熟知的“管理者”这一概念发起挑战，在他们没有任何训练经验且基本没有学习榜样的领域，也必须取得成绩。现在，让我们撇开一个事实：许多人生来就不具备同理心或同情心，即便是拥有这两种特质的人也不得不在工作中长期压抑自己的想法。我们的首要任务是让高层管理者明白自己可以放下戒心，并帮助他们熟悉领导力的全新概念。

某亚洲企业最近启动了两项独立的活动，这是其标志性领导力项目中的一部分，目的是支持最资深的员工转变思维模式。

第一项活动是生趣（Ikigai）工作坊。有些人可能不了解，“Ikigai”是源于日本的一个理念，意为“存在的理由”，它指的是找到为生命赋予价值的方向或目标。该活动鼓励资深员工在生活和工作中寻找意义。

在过去几年，树立目标的重要性成了人们关注的焦点和重点，现在的年轻人往往将目标感视为取得职业成就的关键。然而，婴儿潮一代和 X 世代对职业持实用主义态度：工作本就不能令人愉快，它只是一种交易，老一辈为了养活家人和支撑自己的生活不得不去工作。但有些人不走寻常路，想要探寻自己的人生使命，在过去，他们通常会遭到嘲笑，被人认为是嬉皮士、胸无大志、软弱无能。在我的学生时代，有一位职业顾问曾说过，人们热爱的是自己的兴趣爱好，而非工作。

该企业的代表说，这个工作坊起初只是一个实验，后来却迅速变成了一项具有重大意义的活动，引发了强烈反响。多数参与者从未问过自己“你的人生使命是什么？”这一问题，许多人知道自己没有现成的答案。但随着活动的进行，参与者逐渐放松下来，这时有趣的现象发生了。生趣工作坊使参与者理解了以下两点：第一，一个优秀的管理者能帮助员工找到工作的意义，甚至把工作与人生目标联系在一起；第二，如果一位管理者自己从未认可目标的重要性，他或许就无法明白目标对于团队其他成员的意义。作为人类，我们天生就对找寻人生意义有一种根深蒂固的需求，但可悲的是，大多数婴儿潮一代和X世代在成长过程中都没有注意到这一点，并且被告知这无关紧要。该企业通过生趣活动激发了每个人与生俱来的强大力量，帮助高级管理者深入洞悉自己，从而更好地理解他人。

第二项活动重点关注精力管理这一概念。婴儿潮一代和X世代在职业生涯的大部分时间里被要求不计代价地完成工作。那时的管理者经常以牺牲睡眠、锻炼、家庭生活和个人娱乐为代价，在夜晚和周末加班。老一辈只经历过这种生活，因此他们常常对下一代员工也抱有同样的期待，遗憾的是下一代员工把这种表现解读为麻木不仁，这进而引发了代际冲突。

这项活动旨在唤起人们对身体、情感、心理和精神健康的关注，让管理者们认识到他们的工作方法既不合理，也不可持续。老一辈在特定的抚养方式下长大，背负着思想包袱，因此他们不仅有强烈的责任感，还会认为团队成员期待他们第一个到办公室，最后一个离开。老一辈没能明白的是，他们只有照顾好自己的需求，才能有精力应付团队成员不断提出的要求。

弥合代际鸿沟的第一步是要相信各年龄段员工都拥有寻求人生目标以及平衡工作与生活的天性。可惜婴儿潮一代和 X 世代从小就被灌输了扭曲的观念，使他们误以为这些是无足轻重的（比如心理健康问题曾被视为禁忌，人们对此讳莫如深），造成了他们与新生代之间的隔阂。

如果管理者能树立目标并发现工作的真谛，他们将会影响整个团队。如果管理者精力充沛，并且善于通过补充营养和睡眠以及保持工作生活平衡来管理精力，他们就会希望员工能做到同样的事情。

“高层管理者通常严格地坚持自己的传统做法，包括不合理的做法，而且他们期望年轻人也能如此。

来自保加利亚的 Z 世代”

“千禧一代和 Z 世代认识到照顾自己、保持健康、享受生活、行悦己之事都很重要。我们应当学习这一点。永远都来得及！

来自美国的婴儿潮一代”

关键 2，缓解青年人才与管理者的紧张关系

鲍勃·纳尔逊（Bob Nelson）博士是一位职业经理人，同时也是一位畅销书作者，他曾说：“**一个员工的动力是他与管理者的全部互动的直接结果。**”

青年人才和管理者之间的紧张关系是造成代际冲突的主要原因。千禧一代和 Z 世代常常认为，自己之所以无法在职场中快速发展并做出重要贡献，是因为管理者采用旧式管理方式，不甚了解技术及其对企业结构的影响，并且与年轻人脱节。

但我认为企业常犯的最大错误是把不合适的人安排在管理岗位上。我们要正视这一点，以今天的标准来说，并非所有人都能有效地管理员工。多年的工作经验是远远不够的，具备行业知识不代表有资格担任团队管理者，尤其是多代际团队的管理者。实际情况是，不是所有人都擅长交际，也不是所有人都像贡萨洛一样有天赋，能理解和培养年轻员工。许多在企业发挥重要作用的员工根本不具备管理和培养他人的性格及才能，有些人甚至对此毫无兴趣。

我要说的是：这是正常的！

遗憾的是，几乎没有人会承认这一点，因为人们担心这将对他们的职业产生负面影响，所以人们会接受自己不适合也不喜欢的职位。

这当然造成了多重伤害：资深员工势必遭遇挫折，他们不仅无法专注于自己最擅长的工作，还失去了本有的兴趣和动力，也无力完成新的工作任务。曾被“企业将派出有感召力的管理者支持年轻人发展”的承诺吸引的年轻员工则感觉受到了欺骗，因此选择离职。企业最终既留不住资深的独立贡献者，又失去了高潜力的青年人才。此外，失败的体验也会使各代人对彼此更加不信任，甚至怀恨在心，最糟糕的是，雇主品牌会遭受重创。

管理者与员工的成功配对是一个复杂的过程，既耗费时间，也需要仔细斟酌。这不仅关乎共同的长期目标、阶段性目标和专业技能，还与共同利益、价值观、习惯以及互补型沟通方式有关。

当汇报结构出现变化时，确定团队管理者的合适人选尤为关键。几年前，一家计划成立创投工作室的大型电信公司找到了亚历山德拉，她是一位工程师，主要从事与建立科技创业公司相关的工作。她无意在企业就职，但该企业似乎明白推动创新的重要性，因此向她承诺企业将营造良好的环境，让她这样的创业型工程师能在其中大有作为。经过深思熟虑后，她决定加入该企业。她曾担忧企业环境会过于传统和官僚化，但很快她的疑虑烟消云散。该企业对新观点持开放包容的态度，亚历山德拉可以自己聘请工程师团队，采用灵活、非正式的方式管理团队，她甚至还获得了一笔拨款，用于改造办公室环境，使其更具创造性且符合千禧一代的需求。

但这段经历的特别之处在于，从一开始，亚历山德拉就与 X 世代主管管理者和婴儿潮一代项目管理者建立了不寻常的关系。虽然这两位管理者一直从事传统行业，但他们竟然“不落俗套”，欣然接受并在业务中积极倡导创业精神。他们利用共同的愿景团结团队成员，并且让团队对这一愿景负责。他们帮助亚历山德拉摸清门路，鼓励她进行上行沟通，提升她在企业内高层管理者中的知晓度。最重要的是，他们让亚历山德拉感觉在经营自己的创业公司，并且允许她以这样的方式运营项目。因此，她的团队很快在业绩、创新和发展方面成为全球典范。

令人遗憾的是，亚历山德拉的经理在两年后因晋升离岗了，继任者曾在该企业内一个较为传统的分支机构工作多年，从未带领过技术团队，也没有与初创公司共事的经验。从某天起，亚历山德拉的工作体验发生了明显的变化，这一切来得猝不及防。新任管理者采用的是等级森严的管理模式，他有很强的控制欲，几乎不了解团队的正式治理与非正式治理模型、团队成员的内在和外在动机以及利益相关者网络在幕后施加的控制。

年轻人需要掌握对工作的支配权，工程师和创业者尤为如此。他们敢于冒险，对待工作格外努力，目的是产生影响力，赢得他人的认可。以前，亚历山德拉所在团队的每个人都有话语权，大家共同确定团队的愿景、产品和最佳发展路径，现在团队成员却被管理者告知：“我来决定要做什么，你的工作就是执行我的命令，完成任务。”这种转变严重挫伤了员工的积极性。此外，新任管理者为了严加管理，还禁止员工越级沟通。亚历山德拉和其他团队成员对工作付出了辛劳，投入了热情，他们需要在企业内自由地讨论工作，但管理者却告诉他们："如果需要与高层管理者沟通，我就是你们的代言人，在工作上我可以代表你们。"

几周之内，在企业就职的现实问题突然显现出来。亚历山德拉变得消极，她的工作效率受到了影响，团队动态也开始发生变化。"前任管理者在任时，团队成员有很强的归属感。为了实现目标，大家都承受了过多的痛苦和不安，但我们在企业的各个层级收获了归属感和认同感，这使得我们的付出变得有意义，"亚历山德拉说，"如果这一前提不复存在，那么所有的团队成员也就不会在乎这份工作了。"

亚历山德拉努力地向新任管理者诉说自己的忧虑，但这位管理者并没有欣然接受她的反馈并利用这次机会改善自己与新团队的关系，他反倒采取了防御性姿态，认为这是对他的人身攻击。这使两人的交流变得更加尴尬和混乱。亚历山德拉无法直接接触高层管理者（人们现在普遍无法接受这一点），因此她选择了离职并接受了另一份工作邀请。数月内，她依靠"提供创业公司环境"这一承诺招来的大部分工程师也离职了，3 年的发展成果毁于一旦。此外，该企业一直难以吸引和留住掌握必备技能的人才，无法扩大亚历山德拉及其团队所取得的战绩。

构建多代际团队：确定管理者人选

- 鼓励大家坦诚地说出自己对带领员工和团队是否感兴趣，让他们知道即使志不在此也没关系。
- 找到对培养人才真正充满激情且性格适宜的人员，让他们负责帮助员工获得成功。
- 性格很重要，因此要特别认真地选择某个团队的管理者，确保该管理者了解团队动态和团队协作情况。
- 把领导力定义为一种可传授技能。有些人对他人确实感兴趣，但可能尚不具备优秀的管理技能，企业应当为他们提供培训和指导。
- 切勿辞退不愿意担任管理者的员工，而要充分利用他们扎实的专业技能和知识，让他们创造价值，即让他们担任名义领袖，而非管理者。
- 无论员工担任名义领袖还是管理者，都要让他们的成绩和技能得到广泛的传播和认可。

关键 3，将理解多代际共存现象的人才纳入高层管理者

时任第三世界基金会主席阿加·哈桑·阿比迪（Abgha Hasan Abedi）认为：**管理的传统定义是借助人完成工作，但真正的管理是通过工作培养人。**

有一句俗语："员工离职并不是为了离开公司，而是为了离开自

己的上司。”这正是亚历山德拉的经历。那么，问题出在哪里？企业如何避开这样的陷阱呢？

在写作本书时，我无意中发现一篇题为《恰如其分的管理者》（*The Right Manager*）的博客文章。其作者内森·布罗斯劳斯基（Nathan Broslawsky）是工程师出身，他和我一样，对帮助企业构建及带领成功团队充满热情，因此我决定联系他。

内森说，不宜经常改变员工的汇报结构，任何改变都应当建立在深思熟虑和协商一致的前提之上。“简而言之，如果企业真正认可并接受培养管理者的必要性，那么企业的负责人就必须明确并阐释为何某些人需要向其他人汇报工作。这些身处企业要职的人必须非常注意，既要满足企业的需求，也要维持牢固且持久的管理者-员工关系。员工与管理者的配对关系不应该只是组织结构的副产品，而应当是一种对企业管理伦理的审慎表达。”

从亚历山德拉的情况看，她所在企业的第一个错误是低估了物色合适的管理者的重要性；第二个错误是未能认识到潜在的影响，未能公开讨论变化；第三个错误是未能采用恰当的流程对管理者和员工的匹配度进行评估；第四个错误是未能设法挽救局面，而是允许员工离职。

内森认为，在管理者与员工配对后的 90 天之内，应当允许员工与其管理者的上司定期开展越级一对一谈话，帮助高层管理者掌握管理者与员工关系情况。就亚历山德拉的情况而言，如果她所在的企业采取了这样的做法，那么高层管理者就可能会注意到她的行为和动机的变化，并针对此情况进行讨论和处理，也许就能避免失去这位人才。

最后，内森还提到一件事，我要特别强调。管理者-员工关系不佳并不表示员工或者管理者有不足之处，而只能说明配对决策并非建立在完善且完整的信息基础之上。

我一直主张企业更加谨慎地决定采用何种方式团结员工，坦诚地面对不可避免的事实：就算是基于最好的出发点，也并非每位领导者都能使每位员工发挥出最佳实力。这样，当管理者和员工的关系无法顺利发展时，谁也无须背负恶名。而且，企业应当激励员工和管理者公开探讨这段关系面临的问题，必要时应提出变革建议或接受变革。最后别忘记，虽然我们期待管理者能栽培员工，但管理者本身也需要得到企业的培养。

我们把目光转向宝洁，该企业一直非常重视部门经理和每位年轻员工之间的个别联系，并为管理者提供了丰富的资源、支持和培训。宝洁之所以能在人力管理方面成为业界翘楚，就是因为它格外关注责任、公开对话、内部晋升矩阵和个别辅导。

企业从实现企业增长、培养员工、制订继任者计划三方面评估管理者的工作表现。许多企业会阻止员工向上沟通或对沟通内容进行仔细审查，宝洁则不同，它非常重视从企业内部培养人才，奉行“直言不讳”的企业文化，鼓励青年人才直接与高层管理者沟通。

所有员工每年都有机会针对部门管理者在工作指导和日常管理方面的各种情况提供向上反馈。一方面，高层管理者可以实时掌握企业各级的情况；另一方面，由于管理者知道自己的团队成员能定期与高层管理者直接交流心得，因此会更积极地与员工开展持续的开放式对话，进而了解存在哪些问题或疑虑，并及时地通过合作解决这些难题。

此外，管理者通过自己的员工对企业施加影响力，这种影响力直接关系到自己能否获得提拔。这至关重要，因为员工在公司层级中的位置越高，他们就越要展示影响深远的领导力，建设追随者队伍，以积极的方式建立人际关系并发挥影响力。为了有助于建立管理者问责制度，培养管理者的人员管理技能，企业通过年度向上反馈循环对所有管理者进行评估。评估结果包括工作指导、优先级设置和参与度，能全面地反映管理者对每位员工和团队的人力管理情况。管理者与主管自己的高层管理者讨论结果，高级领导者为管理者制订发展计划，帮助他们克服挑战和局限性，并增强领导者的影响力。

谷歌也是高度重视培养管理者的典范企业。谷歌的员工需要定期回答 13 个问题，对自己的管理者作出评价。

构建多代际团队：谷歌领导力评价问题

- 我的管理者能为我提供切实可行的反馈意见，以帮助我提高业绩吗？
- 我的管理者不对员工进行微观管理，不插手应由其他层级人员负责的具体事务吗？
- 我的管理者关心我的个人需求吗？
- 我的管理者用行动表明他重视我为团队贡献的观点，即便我与他想法不同吗？
- 我的管理者让团队保持对优先事项结果 / 可交付成果的关注吗？
- 我的管理者会定期分享其主管或高级领导者透露的相关信息吗？
- 在过去半年内，我的管理者与我就职业发展进行过有益探讨吗？
- 我的管理者传达的团队目标清晰吗？
- 我的管理者具备技术专长，能对我进行有效管理吗？
- 我会向其他谷歌员工推荐我的管理者吗？
- 我对我的管理者在管理方面的整体表现感到满意吗？
- 我会建议我的管理者坚持做哪件事？
- 我希望我的管理者做出什么改变？

遗憾的是有些企业并未像宝洁和谷歌一样建立起强大的流程和系统，以确保并跟踪企业各级的管理者–员工满意度，而且大多数雇主都低估了选错领导者对于企业的负面冲击。

管理者与员工的错误搭配会影响整个团队。研究发现，当管理者感觉自己不被下属接纳时，他们的压力就会增大，在管理员工时会倾向于公开强调个人经验。这进一步加剧了年轻员工对管理者的不满情绪，年轻人更喜欢智商高且博学的管理者。

同时，年轻员工与管理者之间的矛盾导致团队内充满了不确定性。千禧一代和 Z 世代对确定性有强烈的需求，当这一需求没有得到满足时，他们很可能会为了给领导者留下深刻印象而使用自我推销策略夸大自己的成绩和能力。这会破坏同事关系，反过来对团队成员的工作动机和工作业绩造成不良影响。

管理者的个性和文化适应性固然非常重要，但也要注意挑选能够根据员工需求调整管理方法的管理者。拉吉耶夫·奇布（Rajeev Chib）是一位企业领导力专家，他重点研究各世代的动机和行为。“千禧一代和 Z 世代对激励式管理方法的反馈最好，例如本质上更接近指导的指导式培训，以及允许员工边做边学的引导式培训。但不同年龄段的员工对管理方法的偏好各异，因此企业应当对管理者进行训练，使他们掌握不同的员工培训方法，并且以独特的方式对各代员工的业绩施加影响。”

这意味着企业亟需改进招聘工作，还应把能够理解并提升多世代职场人力管理重要性的各类人才纳入高级管理者团队。

关键 4，代际合作，为年轻人铺就领袖之路

2019 年 12 月，我被邀请参加由发展学院（The Growth Faculty）在新加坡举办的与美国前总统奥巴马的对话活动。奥巴马关于未来领导力的看法引起了我的共鸣。这位美国前总统把许多全球问题归咎于那些不肯给年轻管理者让贤的年长者（一般为年长的男性）。“我认为应当不断地更替管理者，年长者应该退位。如果观念陈旧的人停留在管理岗位，新的观念会遭到否定。我们应当接纳新观点，开启新征程。”企业能否获得成功取决于管理者在提升商业可持续性方面是否有所作为，但每位员工都可以为年轻人铺就领袖之路，这同样也是对企业的最重要贡献之一。

越来越多的千禧一代开始进入高层管理者队伍，还有一代新人即将进入职场，在此形势下，为未来的管理者提供指导和培训必将成为企业的第一要务。未来的管理者将不得不面对一系列新的挑战，他们需要掌握一套全新的技能，这样才能在后疫情时代和第四次工业革命的背景下蓬勃发展。企业一定要找到既能展望未来又具有代际思维的管理者，这两种特质将为他们的职业生涯助力。同时老一辈必须帮助年轻人做好准备，迎接两代人都不曾面对的挑战。

不要塑造他们，而要帮助他们发掘真正的潜力

当婴儿潮一代刚进入职场时，扶持年轻人走上管理岗位是件相

当简单的事：管理者只需要按照自己的模样塑造年轻人即可。年轻的受训人员需要听从指令，遵守规则，模仿前辈。员工要想取得进步就必须满足一套标准。虽然持续学习的能力是一项重要指标，但企业主要还是通过直接工作经验来评判员工，尤其要测试员工应对不同情况的能力。“我总感觉有人在对我进行正式或非正式的评估，我的表现越符合我的‘导师’的期待，我就越有可能获得发展。我的行为与导师的领导风格越接近，我得到晋升的概率就越大。尊重和敬畏管理者是促成事业成功的重要因素。员工必须勤奋，坚持，能接受最严峻的挑战，这样才能获得‘导师’持续的赞助。我特地使用了‘赞助’一词，而非‘指导’，因为我认为这是一种赞助者与受益者的关系。为了取得‘受益者’的资格，员工必须定期证明自己的价值。方法只有一种：与管理者保持一致并且绝对服从管理者。”毕马威（KPMG）新加坡办事处高级合伙人斯蒂芬・特乔亚说，他属于婴儿潮一代。

今天的年轻人不会满足于“赞助者–受益者”类型的关系。他们希望管理者能鼓舞人心，以真实面目示人，与年轻人融洽相处，充分利用年轻人的特质帮助他们释放真正的潜力并且成为未来的领导者。最能体现这一点的莫过于我在 2016 年的一次经历。那时，联合利华区域领导力与组织发展总监邀请我谈谈协调多世代劳动力在新加坡联合利华管理培训生项目辅导中的重要性，该活动是为了迎接所有东南亚和澳大拉西亚地区的入选学生参加联合利华管理培训生项目。项目的独特之处在于它专为培养联合利华的未来领导者而设计，年轻员工通过完成部门内和跨部门轮岗、参与重要项目以及广泛接触管理者，更快地做好担任企业管理者的准备。

当我看到台下这群年轻的高潜力人才时，我不由得想到，自从我毕业以来，世界发生了多么大的变化。这些年轻人才 20 多岁，但这项活动的中心和目的都与他们有关，企业的高层管理者邀请他们与全球最佳雇主之一共同踏上一段奇妙的学习之旅。在活动中，我首先注意到的是房间内斑斓的色彩。以前，所有人都穿着黑色、深蓝色西服以及白衬衫，只有个别人敢于穿着与众不同的服装。但那已经成为过去式了。台下的年轻人穿着随意，风格各异：短裤、凉鞋、牛仔裤、T 恤、网球鞋、美甲、新奇的发型…… 应有尽有。但令我印象最深刻的是某位高层管理者对这些年轻人发表的欢迎致辞。我忘记了他的原话，大致意思是："我们不清楚未来的管理者是什么样的，但他们一定不同于今天的管理者。我们不是在告诉你们应当成为谁，或者把你们塑造成某一种管理者的形象。我们想给你们创造体验不同管理方式的机会。希望你们能从每种管理方式中提炼出你们有共鸣并且认可的内容，然后把这些信息组合起来，创造出属于你们自己的管理方式。"

这令我百感交集。多么好的代际合作典范！联合利华没有强迫年轻员工成为满足传统期待的领导者，而是聘用了潜力巨大的人才，允许他们与各种不同的管理者并肩工作，让他们自己决定希望成为哪一种管理者。老一辈要接受青年人才才是带领企业走向未来的关键所在，要乐于让年轻员工了解、学习以及评价老一辈的领导方法。这能很好地展现联合利华的婴儿潮一代和 X 世代的远见卓识和谦逊品格。

年轻人有机会学习老员工的从业经历、扎实的行业和企业知识；老员工也能从年轻人的雄心、干劲以及新观点中获益，一睹未来领导者的风采，利用这些信息了解年轻人的特质，从而帮助自己更加准确地招聘具有“未来管理者”潜质的人才，使企业保持领先地位。

赋予年轻人权力和安全感

我们反复听到：千禧一代和 Z 世代想在工作中获得安全感。他们知道犯错是学习过程的一部分，为了在某一领域做到出类拔萃，他们需要不断尝试，直至成功。同时，他们希望能够坦率且诚实地提出意见，分享观点。简而言之，他们不想担心一件事，即因为不可避免的失误而丢掉工作或毁掉职业前途。他们希望管理者能赋予他们决策权，在出现问题时保护他们，鼓励他们说真话，即便他们的想法不符合现状。

一定要确保青年人才能自由地表达观点，企业需要有多样化的观点才能实现自我更新和创新。当员工没有说真话的机会或信心时，他们就会失去动力，减少参与，最终离开企业。企业能否赋予员工权利，让他们充分参与讨论并发挥个人作用，是衡量经营业绩的一项主要指标。但这可能会成为一个挑战，因为在某些地区和文化中，年轻人从小就被教导不可以质疑权威，社会习俗历来不提倡人们说心里话、提问题、分享观点，人们要求孩子们从小就保持沉默，因为“多说多错，少说少错”。这种对于“炫耀”或“丢脸”的恐惧感也渗入职场中。虽然情况在改变，尤其是许多跨国公司进入了这些市场，并且带去了开放的文化，但是直率坦诚的外国员工常常使本地员工受到更大的约束和威胁。

在一次活动中，我担任发言者，我通过通力（Kone）亚太地区人力资源主管明娜·罗鲁（Minna Rouru）了解到，这家芬兰工程和服务公司就遇到了上述问题。虽然通力有着强大的北欧文化背景——开放、合作、以共识为导向，但依然很难使本地的年轻员工充分参与讨论，在新加坡分公司尤为如此。年轻人不愿意公开参与讨论，这阻碍了他们实现抱负、做出贡献，这也是一项巨大的商业挑战：企业没有后备力量，无法在本地招到能够引领企业及其员工的接班人。

为了推行一种员工充分参与讨论的文化，赋予本地员工畅所欲言的权利，通力在新加坡启动了管理培训生项目。该项目是理论、实践和企业关怀的强有力结合体。本地的管理培训生可以在项目中掌握相关能力（例如通过学习如何开展有效的演讲来获得影响决策的信心和方法）；跨部门小组有机会攻克实际的商业挑战。在充满鼓励和支持的环境中，管理培训生有机会大胆地提出自己的观点，坚持自己的步调。

明娜说前提条件是高层管理者有意愿建设一种“员工乐于学习且敢于表达”的企业文化。通力的改变得益于高层管理者的投入和支持。“跨国公司有许多心直口快且经验丰富的侨民，本地员工不敢大胆建言；但我们需要听到每个人的想法和观点，这样才能推动企业向前发展。毕竟，企业未来能否在某一地区成就伟业取决于本地员工。这就是为什么我们非常注重推动管理团队创建一种开放、关怀、鼓励的文化，以帮助脱颖而出的本地领导者成长、成才。我们很快认识到，当员工有安全感和依靠感时，他们就会获得贡献力量、分享观点、挑战及引领的勇气和信心，在任何文化背景中都是如此。”

该项目使得通力新加坡团队的整体文化有所改观，通力在整个地区的企业文化也随即发生了变化。该企业报告称，本地员工的敬业度、参与度、工作动力和活力都有所提升。在此基础上，通力发起了“提升你的话语权”活动，旨在鼓励女性人才在工作中积极表现、参与讨论、表达观点。

提供通往管理岗位的多维途径

培养未来管理者对于多数雇主来说是一大挑战，原因是青年人才往往会用离职表明自己的态度，而不是去弄清楚在企业内实现纵向或横向发展所需的权术以及隐形的障碍。传统的“攀登阶梯”式晋升方法已经过时了。X 世代刚踏出校门就得“知道”自己未来 5 年或 10 年的目标。当然，大多数人都毫无头绪，但有无数的图书能提供相关问题的确切答案，于是X世代被鼓励在工作面试前阅读这些图书。新生代则不同，他们坦然承认自己尚处在发展时期，也就是说他们或许还不了解自己未来擅长的领域和最喜欢的事情。因此，他们无法承诺投身于某一条职业道路。但是，他们会去寻找能够帮助自己从每一次新的经历中获得知识和进步的雇主。

2019年，我正在刷领英网站时突然注意到一幅图片，在一张桌子上摆放着一株美丽的植物和一张写有“看着你的职业成长”的便条。这条消息的发布者是群邑（GroupM，全球最大的媒体投资公司）的一名员工。我认为把职业发展比作一棵树是很有新意的，树上有不同形状和大小的树枝朝着各个方向生长。说到底，新生代渴望企业提供这样的职业道路：他们无须沿着某一条轨迹发展，随着他们逐渐了解世界、企业以及自身，振奋人心的新机遇将出现在他们面前。我想进一步了解情况，于是联系了群邑全球人才招聘主管迈克尔·赖特（Michael Wright），我曾与他在重要行业会议上同台发言。

迈克尔说，群邑轮岗机会工场（GROW）项目于2018年4月启动，旨在满足处于不同的人生和职业阶段的年轻人对于持续进步、学习以及探索新机会的渴望。企业想通过设计各种领袖之路（这些路径不是纵向或单向的，而是连接不同网络和部门的桥梁），促使员工快速且顺畅地进入新角色，不影响他们的职业发展速度，最终达到留住人才并支持多元职业发展的目的。“我们认为招聘员工不是一锤子买卖，应当对员工的职业生涯进行管理，这意味着我们要不断地招聘人才。我们借助群邑轮岗机会工场的技能映射和发展计划，确定不同岗位通用的可迁移技能，我们会认真地策划适用于各种客户、实践以及国家的行动路线，为我们的员工寻找到一个新的成长家园。如此一来，我们能利用企业员工的独特技能，促进业务发展，同时还能营造一种透明、信任和支持的文化。当员工能持续学习并且不断获得成长时，他们会感到快乐，此时你的企业才会成功，客户也会感到快乐。”迈克尔介绍说。

群邑不是最早实施内部调动项目的企业，但群邑轮岗机会工场的独特之处在于它的目的是提高某个公司的组内流动性，这足以说明该企业致力于培养人才，并确保员工找到最适合自己的发展道路。“群邑是一个集团，是由多家公司组成的企业！群邑集团旗下的每家公司都有其独特的文化，有各自的全球、地区和本地管理者团队，以及不同的项目和专业。虽然我们的主要企业与代理公司、技术公司、咨询公司和媒体公司争夺客户和人才，但助力员工的职业发展通常不包含在我们的企业文化中。过去员工纵向发展，而群邑轮岗机会工场把员工连接为一个整体，现在我们可以提供横向发展的路径，我为此而感到骄傲。”迈克尔接着说。

青年人才担忧在同一家企业内追求不同的职业选择可能会对他们的职业发展或与管理者的关系产生负面影响，群邑轮岗机会工场解决了这些年轻人的忧虑，这是我喜欢该项目的另一个原因。当员工想去探索新的机会时，他们会秘密地提出申请。吉莉恩·拉莫斯（Gillian

Ramos）是一位年轻的千禧一代，她领导群邑轮岗机会工场团队与员工共同确定最适合他们的职位，并帮助他们培养必备技能。匹配工作结束后，员工的管理者会收到通知。在群邑轮岗机会工场项目启动后两年内，175 名员工从该项目中“毕业”。为了庆祝员工取得的成绩，他们一旦成功转到新的内部岗位，就会收到一份贺礼，即一个类似于花盆的群邑轮岗机会工场马克杯以及一支“不断生长”的铅笔，这支铅笔用完之后可以继续种植！

提高员工的曝光度，让他们发挥影响力

新生代渴望引起他人的关注，走上领导岗位。同时，前文中提到的宝洁等企业需要掌握新生代思维，了解年轻消费者的想法，而只有年龄较小的千禧一代和年龄较长的 Z 世代能把这些信息提供给企业。从古驰到雅高酒店，有越来越多的企业开始让年轻员工加入董事会，目的在于覆盖决策制定中的“盲点”，为企业带来新视角。

通过与迈克尔对话，我还了解到群邑是首批创建“影子董事会”的企业之一。影子董事会由一群具有领导者潜质的年轻员工组成，他们与执行委员会共同制订战略行动计划。

罗希特·苏里（Rohit Suri）是群邑印度的首席人才官，她说群邑印度于 2013 年发起了青年委员会项目（Youth Committee Program），旨在满足企业对文化和数字化变革的需要，解决青年人才日益增长的

需求，帮助他们更快地步入领导层并且发挥影响力。“聘用顶尖人才的企业必须有坚定的信念。年轻人精力旺盛，渴望成功，对学习和融入集体的要求高。他们不仅想做有意义的事情，还想快速做出成绩。企业必须为他们提供与企业内合适人员建立联系的机会。**当青年人才能直接向高级管理者学习时，他们更有可能留下来与企业一同成长；同时，高级管理者也能突破等级制度和瓶颈的限制，快速地获取年轻人的新理念，从中受益。**这是一件双赢的事。”罗希特告诉我。

群邑青年委员会项目成员包括 15 名最具领导者潜力的优秀员工，他们在公司任职 1 年以上，年龄在 30 岁以下。群邑青年委员会向执行委员会提供意见，并且参与日常工作以外的企业重点项目。罗希特介绍道：“在企业中，执行委员会位于金字塔的顶端；青年委员会成员位于金字塔的底端。技术使我们的行业土崩瓦解，我们需要了解新的趋势。年轻人比负责经营企业的老一辈更熟悉这些新趋势，新老两代人之间存在明显差距。青年委员会项目旨在通过开展持续反馈、战略项目和逆向辅导来缩小这一差距。”

- **持续反馈。**在执行委员会确定新的重点领域或者企业的重点项目后，青年委员会需要进行一轮反馈，目的是了解企业全体员工的想法，判断顶层领导者正在拟订的计划是否合理，利用青年委员会的视角制定企业战略。这项措施在企业研究针对年轻用户的产品或服务时非常有用，因为年轻员工能提出更具实质性的意见。

- **战略项目。**在项目进行期间，执行委员会成员确定一个或两个战略项目，请青年委员会成员担任负责人，让他们向执行委员会介绍该项目。举两个例子：一个是与企业健康相关的一系列举措，另一个是旨在满足企业对提升员工职业技能的迫切需要的项目。为了帮助员工熟悉市面上的新产品，青年委员会发起了群邑冠军联赛（GCL），员工可以通过参加 30 种不同的学习项目获得游戏化的学习体验。青年委员会提出了这一想法，开发了相关技术，起草了整个沟通计划并发起了活动。群邑冠军联赛启动后 3 个月内，企业发出了 15 000 张证书。
- **逆向辅导。**在项目进行期间，两名青年委员会成员负责辅导一位执行委员会成员学习两个不同领域的知识。具体学习内容根据执行委员会成员的兴趣点和青年委员会成员的专长而定。包括新技术，如机器学习、区块链、电子竞技、社交媒体趋势、新一代游戏或编程；以及商业，如数字时代的品牌宣传、销售和推销中的讲故事技巧、团队文化对工作效率的影响、在企业内追求幸福总值、“网红”策略；还有健康，如健身的重要性、工作生活平衡、业余爱好对职业的帮助、印度足球的未来。在预先安排好的课程中，青年委员会成员向执行委员会详细阐述他们对某一话题的理解。双方进而可以展开有益的辩论，这对两代人来说都是学习的大好机会。

影子董事会是代际合作的最佳实例之一，也很好地证明了代际合作对于企业的积极影响。企业中一些最年轻、最有才华的员工与最年长、最有经验的业界翘楚一起工作，他们不是上下级关系，而是顾问与咨询者的关系，他们一同做出重要贡献，塑造企业的未来。但由于影子董事会本身的特点所限，企业只能为少数员工提供这样的机会，这是一个弊端。设立影子董事会也要求企业采用先进的思维模式、恪守承诺，但许多企业尚未准备就绪。

企业还可以采取其他方式为雄心勃勃的青年人才提供参与高影响力项目和接触管理者的机会，其中一种方式是企业商业挑战赛。以下是几个知名的成功案例。

第一个是联合利华未来领袖联盟黑客马拉松（Unilever Future Leaders' League Hackathon）。在这里，全球的青年英才可以谈论如何利用技术加速实现联合利华的目标——让可持续生活成为常态。最佳队伍将入围年度伦敦国际总决赛，与全球的顶尖学生同台竞技，向全球顶级高管陈述自己的观点。获胜者有机会与品牌团队共事一段时间，并加入世界青年领袖峰会联合利华代表团。

还有欧莱雅校园创新策划大赛（L'Oréal Brandstorm）。来自 60 个国家的学生入围比赛，他们在学术导师和欧莱雅员工教练的指导下解决真实的商业案例，并对欧莱雅旗下的 24 个国际品牌进行创新。

宝洁首席执行官挑战赛（P&G CEO Challenge）上，参加比赛的选手是来自全球各地的青年人才，他们在制定商业策略和解决实际问题方面拥有过人的才能，比赛的目的是选拔出最适合成为宝洁下一任首席执行官的人选。比赛成绩最优秀的学生可以免费前往地区决赛举办地，并有机会与宝洁管理者建立工作关系，竞争全球总决赛席位，与宝洁全球首席执行官以及来自其他顶级企业的首席执行官见面。

而思科全球解决问题挑战赛（Cisco Global Problem Solver Challenge）上，则由来自全球的大学生创业者提出关于利用技术制造社会影响的新经营理念。获胜者将得到 35 万美元的奖金，用于加速采用突破性技术、产品和服务，推动经济发展，解决社会或环境问题。

除了黑客马拉松和其他领导力挑战赛以外，创业计划和内部创业计划也能帮助有志青年形成伟大构想并为雇主提供实际的可扩展方案，这些计划呈现突飞猛进的发展态势。例如 Nudge 学院（Nudge Academy）提供为期 8 个月的线上个人发展课程，学员是来自世界各地的年轻专业人才。他们一起学习与领导力、可持续性以及影响力相关的知识。在课程期间，学员提出影响力计划并申请 Nudge 全球影响力大奖，他们将有机会面对国际评委以及全球知名的来自海牙和平宫的贵宾，争取获得他们对计划结果的支持。

Nudge 全球影响力挑战赛的初衷是帮助企业培养高潜力年轻员工的可持续领导技能，让员工把富有影响力的想法变成现实，进而改变世界。进入 Nudge 学院的年轻专业人才必须有好奇心，能够审视企业并提出观点和计划，为企业增加利润，推动实现一个或多个可持续发展目标。在项目中，年轻员工学习如何将理念转化为商业计划，如何把计划与企业的总体战略相结合，如何在企业内为执行计划创造条件，并最终亲自去执行计划。

喜力公司一位越南的年轻员工用虎牌啤酒的可回收冠形瓶塞建造了一座桥。这座桥横跨连接两个居民区的运河。在桥梁建成之前，两个居民区的住户得沿着运河走数英里才能到达一个十字路口，他们在那里联系外界，开展贸易。

除了喜力之外，荷兰银行、凯捷咨询公司（Capgemini）、太古轮船公司（The China Navigation Co）、太古航运（Swire Shipping）、宝马集团、费列罗集团和西门子也为年轻精英设立了类似的项目。“这些企业非常清楚，新生代员工不仅对前景广阔的高薪工作感兴趣，而且会优先选择有目标并且致力于解决气候变化、生态系统侵蚀、性别不平等、贫困等重大问题的雇主。管理者们开始认识到创新源自企业内部，在这个瞬息万变的世界，管理者们应当充分利用未来接班人的全新视角、创新理念、专业技能和广泛人脉。”Nudge 全球影响力挑战赛创始人简·范·贝滕（Jan van Betten）说。

企业为了支持培养年轻领袖并且实现他们的想法，还允许员工用一部分工作时间从事自己感兴趣的项目。2004 年，谷歌提出了“20%

时间”制，允许员工将 20% 的工作时间投入一项副业中，这在当时甚至被谷歌广告联盟使用，并且登上了谷歌新闻，人们从这时才开始注意到此类举措，但其实 3M 公司于 1948 年就设立了类似的制度。3M 公司的“15%”文化旨在鼓励员工“留出一部分工作时间主动培养并追求创新理念，激发自己的热情”。

联合利华也采用了这一理念，按照员工的兴趣领域和技能为他们匹配合适的兴趣项目，从而使每位员工都能获得职业生涯体验和学习机会。在进行匹配之前，企业会给每位员工发送一封电子邮件，如果他们有兴趣加入该项目，就告知自己的部门管理者，之后便可以开始投入 10% ～ 20% 的时间参与项目。

博世（BOSCH）也非常注重激励员工进行创造性思考，采用创新方法解决问题，方法是为员工参与日常工作以外的项目提供时间和空间。“企业可以通过启动内部创业推行创新思维，可以采取引入跨部门头脑风暴会议、与科技创业企业合作、组织黑客马拉松、为内部项目提供指导和资金等措施，在企业内发扬创业者精神。”

关键 5，鼓励学习交流：双向辅导、逆向辅导等其他方案

美国前总统约翰·肯尼迪说过：“领导力和学习是密不可分的。”

在多世代环境中，一定要确保每个人的优势和贡献都能得到认可。技术持续进步，职场也在不断发展，各年龄层的员工都可能感到自己的付出很难赢得赞赏，原因仅是他们在以不同的方式为企业做贡献，在不同的平台上积累专业知识。

“婴儿潮一代在职业生涯的大部分时间里并没有接触过新技能，因此他们或感觉自己受到排挤，或认为企业过于重视青年人才的能力，轻视老员工的丰富经验。同时，年轻人急于展示自己的技能，做出成绩，总认为有些年长的管理者是绊脚石，从而导致纷争不断，虽然这种纷争可能是合理的，但一定要确保员工了解并且愿意利用其他世代的价值。”帕拉维 · 斯里瓦斯塔瓦说。我与这位 IBM 亚太及大中华区全球技术服务部人才主管会定期喝咖啡聊天。

为了建立相互尊重的新老员工关系，确保两代人珍视彼此的优点并从中获益，企业可以采用的最有效策略之一就是通过跨世代辅导项目为新老员工提供互相学习的机会。传统的辅导模式是老员工训练年轻员工，但双向辅导和逆向辅导才能更有效地促进知识转移和代际合作。

《职场中的 XYZ 世代》显示，89% 的 Z 世代学生认为采用逆向辅导或其他类似举措能促进代际合作和共享，使雇主更具吸引力。

逆向辅导指的是年轻员工为高级管理者提供咨询。前文中提到过，群邑印度采用了这种模式，青年委员会成员为执行委员会成员出谋划策。

联合利华也非常重视逆向辅导。该企业近期与 Gloat 公司联合开发了人工智能平台——Flex 体验，在该平台上年轻员工担任导师，为资深员工（学员）提供技术和年轻消费者偏好新趋势以及新思维方式等方面的辅导。

双向辅导能完美地发挥婴儿潮一代和 X 世代的经验优势，并利用千禧一代和 Z 世代的数字技能特长。在双向辅导中，年轻员工和资深员工都扮演着导师和学员的双重角色，他们互相学习对方的专业领域。例如，资深员工可以一边教年轻员工如何与客户合作，一边向年轻员工学习如何尽可能减少数据完整性问题。

令我意外的是，虽然只有个别企业设立了跨世代辅导项目，但这个概念本身并不新鲜。通用电气全球首席执行官杰克·韦尔奇（Jack Welch）在 1981 年至 2001 年引入了逆向辅导这一概念，1999 年，为了让管理者团队学习如何使用网络，他为 500 位管理者安排了年轻搭档，帮助他们了解互联网。

资深员工在提升数字技能的过程中遭遇的最大打击是病毒大流行。全球多数国家处于各种形式的隔离状态，人们居家办公，所有员工都只能依靠数字化工具履行工作职责。我的许多千禧一代朋友说，在疫情期间，居家办公的婴儿潮一代和 X 世代管理者与同事多次给他们打电话寻求技术支持。使用 Zoom、Confluence、JIRA、Microsoft Teams、Mural 和 Slack 等软件工具完成时间管理、项目管理、会议安排、陈述展示、团队沟通、设计、开发以及文件共享在短时间内变成了必备的工作技能。这给许多习惯于使用传统方式开展业务的老员工敲响了警钟。

早在病毒流行之前，少数企业已经在支持高层管理者掌握新技术，宝洁就是其中之一。2017 年，宝洁在中国启动了一个正式项目，为管理者团队的每位成员匹配一位逆向教练，即一名信息技术部门的千禧一代年轻员工。年轻员工向管理者传授各种知识，包括编程、区块链和新发布的应用程序，互联网的工作原理，网址的隐含信息等。“宝洁之所以启动该项目，是因为我们认识到建设数字化劳动力队伍是一项关键策略，提高整个企业的数字商数（Digital Quotient）能使我们保持竞争优势。”许有杰说，“管理者团队和高管层的很多人并非成长于数字时代，年轻人是数字原住民，我们是数字移民。我们要确保高层管理者有能力使用层出不穷的新技术，能习惯于思考数字化解决方案以改善日常工作。”该项目得到了宝洁大中华区总裁马睿思（Mathew Price）的强力支持，他本人也带头树立榜样。

疾病流行扰乱了劳动力市场，阻碍了员工之间的面对面交流，企业不得不适应变化。2020 年，为了应对疫情带来的影响，花旗银行开始重视通过培养员工的职场同理心推动代际融合，双向群组逆向辅导就是其中一项措施。

与标准的导师学员一对一逆向辅导模式不同，双向群组逆向辅导的开展形式如下：在连续的 4 个月内，9 位参与者每个月使用 Zoom 软件进行一次一小时的交流。9 位参与者包括：一位来自代际亲和工作委员会的教练，4 位传统一代、婴儿潮一代或 X 世代员工，4 位千禧一代或 Z 世代员工。参与员工来自不同的部门，负责不同的业务，岗位包括分析师、总经理等，他们在活动前互相不认识。

为了确保尽可能地提高员工的参与度和积极性，教练会提供一组话题让参与者投票表决。他们设计了一系列问题，在活动前把相关材料发送给每位参与者，并主持讨论。讨论话题包括“电子竞技”“银行业与创业公司共同争夺人才”“通过喝咖啡便获得下一份工作或下一位客户”以及“最新、最好的社交媒体平台及其使用方法”。

花旗银行在创新跨代辅导项目方面堪称绝佳典范。员工也可以以跨代辅导项目为平台，以一种平和的方式探讨多样性相关议题。例如，除了传授数字技能以外，宝洁还利用逆向辅导对年轻女性员工和资深男性管理者进行组合，前者担任导师，后者为学员。该项目使有才华的年轻女性在企业内得到了更多关注，自然提高了女性员工的留职率。

无论企业的目标是什么，无论逆向辅导和双向辅导项目已经具备了结构化形式还是需要导师和学员共同商定形式，新老员工都必须倾心付出。企业应当认真寻找导师和学员的最佳组合。在组合时不仅要考虑参与者的经验、技能或专长，最重要的是还要考量双方的文化和个性适配度。突出不同个体之间的相似性，忽略他们的年龄差异，这样做能很好地帮助人们找到共同点，建立联系，营造一种充满信任感和归属感的工作环境。

在参与调查的 250 位人力资源管理者中，只有 16% 的人说自己所在的公司设立了正式的逆向或双向辅导项目。这些企业要求年轻人辅导婴儿潮一代和 X 世代学习以下领域的知识：社交媒体、技术、数字媒体、手机应用程序、创造力与创新、灵活性、敏捷性和新思维方式等。老一辈则要辅导千禧一代和 Z 世代学习销售或建立内部网络的方法、讲故事的技巧、领导力、沟通技巧、塑造自身的管理者形象、战略思维、风险管理能力、冲突解决能力以及职业道德。各代人想向彼此学习的技能见图 9-1。

还有一些项目可以促进不同世代相互学习工作技能以外的本领。例如结伴项目，初级员工和资深员工轮流互相传授与工作无关的技能，包括烹饪、践行零浪费生活方式、使用视频软件、在社交媒体上建立粉丝团体等。

图 9-1　各代人想向彼此学习哪些技能

无法设立正式项目的企业也可通过集体共享达到相似的效果。内部 TEDx 演讲活动有助于确保各年龄层员工能通过身边的知识宝藏掌握新知识并从中受益。在新冠病毒全球大流行的背景之下，我们还见证了线上会议的兴起。婴儿潮一代和 X 世代管理者与年轻人分享知识，这是老一辈回馈企业、吸引年轻人以及维持自身地位的一种方式。千禧一代和 Z 世代也向老一辈讲述自己作为员工和消费者的想法、感受和决策逻辑。

最后，务必建立日常反馈机制。反馈是否具有条理性并不重要，只要员工能进行高频次的双向反馈，各代人能在企业内无畏地、公开地、有建设性地分享知识并相互学习即可。

关键 6，倡导并践行终身学习

国际知名的演说家、作家及全美公认的“销售天王”金克拉（Zig Ziglar）讲过：“如果你不愿意学习，没有人能帮助你；如果你决心学习，没有人能阻止你。”

在企业内培育终身学习的文化是弥合代际鸿沟最重要且最有效的方式。如果新老员工都能不断地提升工作技能、学习新技能，那么他们就不会感觉受到了威胁。这一点至关重要，毕竟不同世代对于“受训”的态度各异。千禧一代和 Z 世代认为，员工在整个职业生涯中都应当得到企业的培养，这一点毋庸置疑，但对于普通的婴儿潮一代和 X 世代来说，他们拥有多年的工作经验，并不会对接受培训这件事感到兴奋。老一辈在初入职场时被要求向老板学习，但在工作十余年之后却被告知需要接受培训，这对他们来说几乎是一种侮辱。

人均寿命延长，使得婴儿潮一代在过了退休年龄后依然在职场工作。这意味着他们常常要与年轻员工进行直接竞争，后者具备雇主目前所需的各种必备技能。但人工智能正加速改变我们的生活，年轻人现在掌握的技能很快也将无法满足企业的需求。根据《未来就业报告（2018 年）》（*The Future of Jobs Report 2018*），到 2022 年，7 500 万个工作岗位将不复存在，同时会出现 1.33 亿个新岗位，这些新岗位要求工作人员掌握扎实的技术知识或与人工智能共事的能力，以提高生产能力和工作效率。传染性疾病将使上述数字快速上涨，企业的成功比以往更加取决于员工的转换能力，即在多项任务、多种文化以及多个商业模式间切换的能力。例如西门子开始培训大量的非工程专业人员完成原本属于工程师的工作，目的是填补技术岗位空缺。

我们身处瞬息万变的社会，没有谁完全做好了迎接未来的准备工作。一方面，多数教育机构没有传授给学生有利于求职的技能；另一方面，企业没有鼓励老一辈学习新技能，从而在企业站稳脚跟。在这种新环境之下，婴儿潮一代、X 世代、千禧一代和 Z 世代都必须成为灵活的终身学习者。

在微软建立起成长型思维模式管理框架后，终身学习的概念逐渐深入人心。成长型思维模式建立在以下前提之上：当员工渴望学习时，他们就能提升技能，久而久之也会创造更加丰厚的业绩。简而言之，**如果人们对自我发展能力有信心，能够通过学习新知识不断地拓展自己的思维，那么他们就可以获得持续的进步。**这正是技能提升和技能更新项目大有可为之处。《普华永道 2019 年全球首席执行官调研报告》（*PwC 2019 Global CEO Survey*）显示，设置了高级培训课程的企业，企业文化得到了巩固，员工敬业度有所提高，创新能力有所增强，数字化改造按下“加速键”，企业更能吸引和留住人才，员工的工作效率有所提升。然而在全球范围内，仅有 18% 的企业在设立技能提升项目方面取得了长足的进步。

尽管如此，微软和西门子并非在孤军奋战。联合利华、星展银行以及群邑都恪守承诺，确保所有年龄层的员工都能一直发挥自身价值并且保持就业竞争力。

联合利华开发了工作的未来框架，支持所有员工制订一项面向未来的发展计划，核心内容为：确定自己的目标及其在个人工作中所起的作用；提出个人健康计划；找到个人的技能差距，以确定有待培养或改进的技能。这项练习帮助员工决定未来的职业选择，比如提升技能，即进一步发展现有技能但不更换岗位；或者更新技能，即学习与现有技能相似或不同的新技能，为新岗位做准备。

同样，星展银行也意识到员工们拥有多样化的职业和生活经历，因此采用了相应的多世代劳动力管理办法。金融服务小组是一个杰出案例，因为其关于技能提升和技能更新的整体理念是针对员工个人职业成长定制项目，帮助员工树立情绪信心，建立共同体。增强各代员工之间的情感联系是建立合作型学习文化的基础，对于需要大规模重新部署内部员工的企业来说更是如此。

星展银行人力资源部门首席运营官吴应元说的一些话引起了我的强烈共鸣，他说："人的本性是：当我们在做自己擅长的事情时，这件事情就成了我们身份的一部分，我们逐渐对这件事产生感情。我们的很多员工都是如此。我们想鼓励员工回顾自己的经历，让员工意识到虽然他们热爱自己的工作，但有吸引力的新岗位还在前方等待，他们作为专业人士的身份可以不断地变化和发展。因此，从情感的角度解决问题非常重要。"

只鼓励员工接受改变还不够。老一辈时常担心自己无法快速学习，或像年轻人一样轻松掌握新的数字技能。如果企业无法提供合适的学习环境，那么任何技能提升或技能更新项目都将收效甚微。为此，星展银行已经着手在整个企业内树立共同目标，并且设计出了相应的工作惯例以及共同工作和学习的方式。

"老员工在重新审视自己的职业身份时会感到脆弱。老员工害怕与善于学习的年轻人一起学习新技能。因此我们会慎重思考如何设计学习体验，使拥有不同职业经历和学习需求的员工都能树立信心、摆正心态、投身学习。”吴应元说。

2017 年，星展银行启动了一项计划，旨在帮助资深员工建立学习的信心。具体方法是让员工及其朋友聚集在一个礼堂内，度过欢乐的一天，他们可以玩游戏，享受免费食物，参加抽奖活动。星展银行使用肯定式探询方法举办该活动，这是一种用于开展大规模技能干预的行为科学方法。肯定式探询利用人们过去的积极回忆，激励他们尝试新的类似体验。

“我们让员工回想自己培养新爱好或者尝试全新事物的积极经历。通过探讨这些经历，我们可以借助积极的能量帮助他们意识到学习一门简单的新技能也同样简单、有趣、愉快，比如使用 iPad 服务顾客或参加主题为‘人性化设计’的领英学习课程。通过与朋友分享个人经历，员工们会获得同伴的支持和鼓励，进而接受技能提升和更新，而不会感到无助或害怕。”吴应元继续说。

当前，星展银行更加迫切地关注终身学习。星展银行在重新定义企业、客户和社会的未来，依旧重视员工所需的技能和工具，并且强调在新常态下拥抱成长型思维模式。

群邑印度首席人才官罗希特·苏里说，创造一项拉动因素也有助于营造企业文化，使员工对学习新技能感到兴奋、无所畏惧。2019 年 8 月，群邑发起了群邑冠军联赛，技能提升项目经过精心策划，可以为参与者提供 3 个月的游戏化体验，最终的赢家将获得奖励。该企业为每组员工打造了独特的学习之旅，帮助他们掌握最有益于自身提升的技能，并且提供了 100 多场提升数字技能的课堂教学、网络研讨会以及混合模块培训。企业安排每位员工完成若干不同难度等级的培训模块。参与者分成多个小组，每当有一位员工完成一个模块，他所在的小组就能获得积分。积分数量与项目的难易程度、项目人员数量以及项目完成速度直接相关。积分实时更新，企业的所有人员都能看到积分面板。"我们通过利用员工的竞争精神创造了一个动力。在这之后，驱动力源自团队成员，他们号召彼此完成任务，为团队争取胜利。不过，最棒的一点是员工开始互相支持。如果有人在完成某一个模块时遇到困难，其他团队成员会提供帮助。这使我们建立起一个支持生态系统，让每个人都能不负所望。群邑冠军联赛这一活动行之有效：它让学习变成了一场游戏和协作体验。"罗希特说。

仅在为期 3 个月的群邑冠军联赛中，群邑就发出了 15 000 张证书。该项目强化了群邑的学习文化，并且有力推动了员工每年参与更多的企业内部技能提升项目。2019 年，拥有近 2 500 名员工的群邑印度为 1 611 位参与者开设了 92 门线下培训课程，为 3 556 位参与者提供了 47 门数字化课程。此外，该企业开辟了一系列新项目以确保员工的学习之旅不中断，还在 2020 年年末启动了群邑冠军联赛 2.0。

建立终身学习文化的另一个好处是降低年轻员工的流失率。除了代际冲突以外，学不到新知识和新技能是新生代员工离职的另一原因。

有一种说法是，在工作几年之后，员工的学习速度往往会变慢。这在某种程度上是因为雇主未能设定合理的期望值。我们来思考一下。许多企业雇用应届生，让他们参与一流的项目，快速学习大量知识。项目结束后，这些年轻人进入“实战”阶段，他们自然变得松懈。如果企业不尽全力保证年轻员工获得持续成长，那么企业投入宝贵的时间和资源培训出来的员工可能就会带着经验另谋发展。

REFRAMING GENERATIONAL STEREOTYPES

第 10 章

跨代合作，家族企业传承的关键

两三代人斗志昂扬地共同参与企业管理，这会迅速成为一个企业的最大竞争优势，而不是所谓的“祸根”。

When there are two or three passionate generations involved, what is often seen as a recipe for disaster, can quickly become a company's biggest competitive advantage.

代际冲突对任何企业都有百害而无一利，对家族企业更会造成毁灭性的影响。亲人之间的人际动态比陌生人之间的人际动态更加复杂，在较为传统的文化中，这种情况尤为突出，子女必须听从长辈的教诲，遵守命令。

我为家族企业举办过许多场会议，总能听到新生代诉说内心的不满，这是因为他们渴望参与关键决策制定，把企业使命与个人热衷之事相结合。第一代创始人则公开表示担心下一代无法带领企业走向未来，他们最担心的是新生代能力不足、懒惰、无法保障业务连续性、缺乏信任、有特权意识。此外，第一代创始人创立了企业，认为自己是最了解企业的人，他们的高期望值和控制欲对于下一代接班人来说是一种沉重的负担。接班人肩负的职责包括继承家族产业，吸引全新一代消费者，在日新月异的环境中迎接前所未有的挑战，同时还要守护好前人打下的江山。

因此，越来越多的新生代正在离开家族企业，因为他们在家族企业中无法展现自己，也无法与家中长辈建立对彼此的信任。“老一辈期望我们这些注定要接管父母企业的年轻人无缝融入企业。我们要赢得员工、经理、消费者、顾问、合伙人以及家庭董事会成员的尊重，压力重重。我们既不能根据自己的判断自由地调整企业发展方向，也不能把事业与爱好联系在一起，因为老一辈不愿意放弃或分享掌控权。”一位 26 岁的新生代企业掌门人在 2018 年的一次研讨会上发言。

威廉是一家房地产投资公司的继承人，2020 年初，他与我交谈时说接管家族企业是一件繁琐复杂的事情，主要原因是身为 X 世代的他与身为传统一代的父亲在思维方式上存在差异。“大多数问题的主要根源是我父亲有一种‘我清楚自己在做什么’的心态，他不愿意信任自己不理解的事物。他在过去获得过辉煌成就，这使他坚信自己能用老一套方法和思维应对如今的挑战。他不知道情况已经发生了变化。比如，他认为现在的营销与 30 年前没有区别，因此我们的总经理应当负责这项工作。”

当面临议程冲突、家庭成员缺乏协作以及兄弟姐妹关系不和的状况时，企业将很难实现代际传承。香港汇丰私人银行业务联席主管、家族办公室顾问、亚太区和家族治理资深顾问吴爱萍告诉我，实际上仅有不到 1/3 的家族企业可以传到第二代；能够传到第三代的家族企业数量则更少。很多家族企业迅速崛起，大获成功，却撑不过领导层的代际更迭。据《财富》杂志报道，在 20 世纪 60 年代，标准普尔（S&P）指数所覆盖的企业的平均寿命约为 60 年，而这一数字在今天仅为 20 年左右。

尼尔·格林（Niall Glynn）在《家族企业继承规划》（*Planning for Family Business Succession*）中写道："家族企业经常会复制过去的技术和做法，而不去研究外部市场上的大范围变革。"在易变、不确定、复杂、模糊的世界里，没有创新能力的企业很难存活，只有拥有杰出运营能力和多领域丰富经验的企业才能蓬勃发展。当新生代不愿意或不能推动企业向前发展时，他们往往会对家族企业进行职业化管理，并通过出售企业来退出。

吴爱萍说："协调多世代劳动力是合理利用家族内定性资本的关键，这样才能使家族企业实现传承与延续。在财富的管理和传承阶段，要想确保家族成员能共同努力维护企业的声誉和稳定性，就一定要有长远的眼光。"

面对疾病流行产生的影响，家族企业尤其要重视这一点。虽然动荡时期会为多世代家族企业带来问题和不确定性，但这也是探讨未来的大好时机，话题包括金融财富以及前辈遗产等事项。

如果想发挥代际合作的力量，新老两代人就要秉持谦逊、开放的学习态度。第一代创始人必须明白未来的领导者将面临强劲挑战，灵活性、适应能力和创新能力将成为领导者的必备特质。他们如果想让企业经受住新的挑战，就一定要认识到过去的管理技巧和方式或许会失灵。第一代创始人需要帮助下一代做好担任领导者的准备，尽早让下一代参与企业事务，允许下一代凭借自己对年轻消费者和周围环境的了解决定企业的发展方向。"老一辈可以向年轻人传授许多知识，包括一系列永恒的原则，包括忠于诺言、经营关系的重要性，以及如何赢得员工和消费者的尊重，如何集中注意力和避免分心等。然而，这些原则在企业中的应用状况今非昔比，因此第一代创始人一定要允许年轻人仔细思考并决定如何在日新月异的世界中应用这些原则。"此外，第一代创始人还应努力地耐心倾听并了解年轻人的观点和想法，不轻视年轻人。"这对于老一辈来说是个难题，因为当他们试图去理解某项事物时，他们会发现自己不具备相应的能力，他们当然不想被迫承认这一点。"威廉说。

另外，新生代需要尽力理解老一辈的心理、习惯、行为模式和行为诱因，并在表达观点时运用同理心、感知力和才智。掌握老一辈喜欢的沟通和交流方式对改善协作和建立信任大有裨益。例如，在质疑第一代创始人的想法时，新生代不应该说"告诉我您的理由，我们看看是否合理"，而要说"请为我解释一下您的想法，因为我想向您学习"。摒弃自我中心主义后，家族成员会以影响力为导向解决问题，而不是利用这种对话评判孰是孰非。

家族企业能够完美地展现代际合作的力量：有则成功，无则失败。如果一个企业成功地摆脱了不良的家庭动态，并且注重充分利用各种独特的代际视角，那么它就能把现任领导者的丰富经验与未来领导者的创新思维融为一体，让各代人才尽其所长。两三代人斗志昂扬地共同参与企业管理，这会迅速成为一个企业的最大竞争优势，而不是所谓的“祸根”。此外，家族企业中的稳固关系能提高企业员工的凝聚力和荣誉感，让企业代代相传。这会激励家族成员和员工提升工作标准，更加努力地工作，确保企业生生不息。

在写作本书时，我与汇丰私人银行业务相关人员进行过多次对话。该业务部门长期以来服务于家族企业，并促进家族企业利益相关者之间的对话。我想通过学习他们的经验，了解家族企业应当为传承家族遗产和实现平稳的代际更替采取哪些重要措施。以下是为家族企业下一阶段的生存与发展赋能的 9 项措施。

- **鼓励开放式交流：**家族中的每位成员必须真正地努力理解彼此的观点、恐惧和担忧。
- **建立团队间的信任：**创建项目，联合原本孤立的部门，建立相互之间的信任。
- **改善沟通过程和工具：**正式确定沟通渠道，审查现有沟通规范，弄清楚哪些是曾经奏效或无效的方法。
- **建立并强化人际关系：**团队成员在家庭环境和办公室以外的场景中一起放松，增进感情。
- **开启家族项目和行动：**当家族成员一起合作完成项目时，他们就会团结一心实现共同的使命和目标。
- **以身作则：**家族企业的领导者能够自上而下地塑造企业文化。
- **制定家规，制作家族纪念品：**使体现家族历史的遗产、习俗和传统具体化。

- **阐明优先事项、职位和职能：**找到人际关系紧张的潜在原因，建立有效的决策机制。
- **为代际财富转移设立家族信托或商业信托：**用私人信托公司（PTC）帮助一些超高净值家族保持其对家族企业的控制权和所有权。

我想再添加一条措施：允许家族企业接班人为企业设置一个新目标或者更远大的目标，尤其是一个他们热衷于实现的目标。这一点对于Z世代来说是重中之重。

REFRAMING
GENERATIONAL
STEREOTYPES
结语

将代际差异转变为竞争优势

在本书中，我带大家踏上了一场穿越时空的旅行。起初，我们了解了致使代际多样性成为企业当务之急的大事件，包括千禧一代职场革命、Z世代的崛起、全球性突发事件以及“工作的未来”话题的突显。之后，我们重点关注同龄群体的历史与发展，分析了区别不同世代的关键特征，以及同理心和理解力如何将代际差异转变为一项竞争优势。最后，我们以幕后视角审视了坚定支持代际多样性的顶级跨国公司，了解他们如何解决代际差异，部署了哪些项目和活动，采取了哪些措施。

在这个瞬息万变的社会中，企业需要不断适应新形势，这意味着企业需要培养能够应对危机和高度不确定性的领导者。在这场变革之旅中，多样性和包容性与技术一同扮演着重要角色，如果没有多样性和包容性，创造性和创新性将无法实现，解决方案也无法获得支持。

尽管代际差异常常被忽略、被掩盖，甚至被故意无视，但它即将成为企业发展受阻或变革加速的主要原因。世界迫切需要老一辈的经验和知识，以及年轻人的活力和社会意识。虽然千禧一代和 Z 世代了解整个社会发展的重点任务，但他们需要借助婴儿潮一代和 X 世代的支持才能把理想化为实践。

工作环境对于充分发挥各代人的作用极为重要。企业一定要确保新老员工的思维模式差异不会对企业业绩和创新造成负面影响。为此，企业必须致力于培育这样一种文化：所有人受到同等重视、尊敬、认可，人人都能贡献自己的力量。然而代际差异和员工的幽愤会使这一目标无法实现。克服阻力的唯一方法就是拥抱代际差异，不削弱员工个性的重要性，接受建立在群体共性基础上的刻板形象。改进合作的关键则是理解各代人的成长背景以及他们身边的人。

企业管理者在帮助员工重构代际刻板印象、促进合作、拥抱多样性和推动积极变革的过程中起到了举足轻重的作用。企业应当深入了解各代人的期待和顾虑，为他们营造公平的环境，这是一个很好的切入点。婴儿潮一代和 X 世代担心自己在数字化程度和灵活性不断提高的环境中被淘汰，显得格格不入；而千禧一代和 Z 世代则因为得不到倾听或无法推动变革而焦虑。只有消除了这些顾虑，资深员工才能有效地向新生代传授知识和经验，帮助新生代做好担任管理者的准备，为新生代赋能，让他们发挥影响力、推动创新。

代际多样性逐渐成为全球知名企业在多样性和包容性议程上的重要关注点。事实证明，以下制胜策略能够起到弥合代际鸿沟和发挥各代人优势的作用：采取一系列措施鼓励员工建立代际意识和代际情感纽带；利用协同决策打造多世代卓越团队；协助管理者转向新思维；要求管理者对员工的业绩负责；赋予年轻人影响力和权力，为他们铺就领袖之路；构建跨世代文化和终身学习文化。

但归根结底，主动权掌握在每个人手中。我们都有责任营造有爱且包容的工作环境。为此，我们不仅需要保有向他人学习的好奇心和真挚渴望，还应深入了解我们自己、我们的偏见，以及我们的价值观和行为对身边人的影响。就算是同龄人之间的基本沟通也是千头万绪，而代际动态这一因素使沟通的复杂程度更上一层楼，而且常常会变成积极协作的一大障碍。解决这一问题的方法是所有人要真实地表现自我，各显神通，但在必要时应做出让步，助力同事获得成功。

我坚信今天的年轻人有改变世界的实力，但在前行的道路上，前辈应当帮助年轻人实现抱负，让他们充分发挥才能，做出应有的贡献，只有这样，年轻人才能摘得成功的果实。在我的整个职业生涯中，我所遇到的一些管理者以现在的标准来看并无特殊之处，但他们赋予我足够的能力，深刻地影响了我的职业道路。当然，我已不再年轻，改变世界已不再是我的人生重点，但年轻的 Z 世代渴望改变世界！想象一下，如果你真正投身于指导和引领 Z 世代，你将收获多么丰硕的成果！

撇开其他不谈，我希望把这句话送给你们：世界需要你们去推动积极变革，你们与周围人互动的方式，决定了世界的模样。

> 我们是世界的镜子。外部世界中的所有倾向都可以在我们自己身上找到。如果我们能够改变自己，那么世界上的倾向也就会随之改变。当一个人改变他自己的本性时，世界对他的态度也随之改变。这是至高无上的神圣秘密。它是如此美妙，也是我快乐的源泉。我们不必等着看别人怎么做。
>
> 圣雄甘地

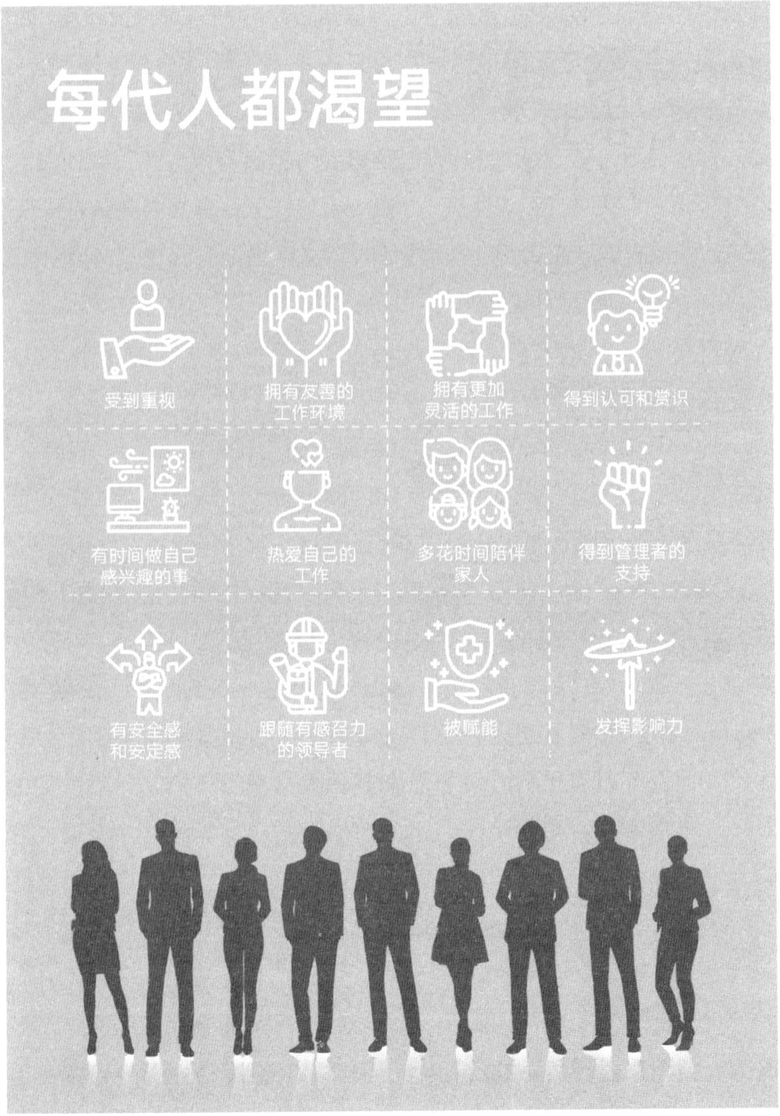
每代人都渴望
受到重视
拥有友善的工作环境
拥有更加灵活的工作
得到认可和赏识
有时间做自己感兴趣的事
热爱自己的工作
多花时间陪伴家人
得到管理者的支持
有安全感和安定感
跟随有感召力的领导者
被赋能
发挥影响力

未来，属于终身学习者

我们正在亲历前所未有的变革——互联网改变了信息传递的方式，指数级技术快速发展并颠覆商业世界，人工智能正在侵占越来越多的人类领地。

面对这些变化，我们需要问自己：未来需要什么样的人才？

答案是，成为终身学习者。终身学习意味着具备全面的知识结构、强大的逻辑思考能力和敏锐的感知力。这是一套能够在不断变化中随时重建、更新认知体系的能力。阅读，无疑是帮助我们整合这些能力的最佳途径。

在充满不确定性的时代，答案并不总是简单地出现在书本之中。“读万卷书”不仅要亲自阅读、广泛阅读，也需要我们深入探索好书的内部世界，让知识不再局限于书本之中。

湛庐阅读 App：与最聪明的人共同进化

我们现在推出全新的湛庐阅读 App，它将成为您在书本之外，践行终身学习的场所。

- 不用考虑“读什么”。这里汇集了湛庐所有纸质书、电子书、有声书和各种阅读服务。
- 可以学习“怎么读”。我们提供包括课程、精读班和讲书在内的全方位阅读解决方案。
- 谁来领读？您能最先了解到作者、译者、专家等大咖的前沿洞见，他们是高质量思想的源泉。
- 与谁共读？您将加入到优秀的读者和终身学习者的行列，他们对阅读和学习具有持久的热情和源源不断的动力。

在湛庐阅读 App 首页，编辑为您精选了经典书目和优质音视频内容，每天早、中、晚更新，满足您不间断的阅读需求。

【特别专题】【主题书单】【人物特写】等原创专栏，提供专业、深度的解读和选书参考，回应社会议题，是您了解湛庐近千位重要作者思想的独家渠道。

在每本图书的详情页，您将通过深度导读栏目【专家视点】【深度访谈】和【书评】读懂、读透一本好书。

通过这个不设限的学习平台，您在任何时间、任何地点都能获得有价值的思想，并通过阅读实现终身学习。我们邀您共建一个与最聪明的人共同进化的社区，使其成为先进思想交汇的聚集地，这正是我们的使命和价值所在。

Rachele Focardi

Reframing Generational Stereotypes

ISBN 978-981-4923-09-5

图书在版编目（CIP）数据

跨代合作 / (美) 蕾切尔·福卡迪
(Rachele Focardi) 著 ; 张倩译. -- 杭州 : 浙江教育
出版社, 2023.6
ISBN 978-7-5722-5916-6

Ⅰ. ①跨… Ⅱ. ①蕾… ②张… Ⅲ. ①人际关系学—
通俗读物②职业选择—通俗读物 Ⅳ. ①C912.11-49
②C913.2-49

中国国家版本馆CIP数据核字(2023)第109779号

浙江省版权局
著作权合同登记号
图字:11-2023-166号

上架指导：商业新知

跨代合作

KUADAI HEZUO

[美]蕾切尔·福卡迪　著
张倩　译

责任编辑：李　剑
文字编辑：刘亦璇
美术编辑：韩　波
责任校对：傅　越
责任印务：陈　沁
封面设计：ablackcover.com
出版发行：浙江教育出版社（杭州市天目山路 40 号　电话：0571-85170300-80928）
印　　刷：天津中印联印务有限公司
开　　本：880mm × 1230mm　1/32
印　　张：8.75　　**字　　数：**190 千字
版　　次：2023 年 6 月第 1 版　　**印　　次：**2023 年 6 月第 1 次印刷
书　　号：ISBN 978-7-5722-5916-6　　**定　　价：**89.90 元